Paulus
Was? Wann? Wo?

Dirk Klingner

PAULUS

WAS? WANN? WO?
ALLE ORTE, DIE ER BESUCHTE

Bibliografische Information Der Deutschen Bibliothek
Die Deutsche Bibliothek verzeichnet diese Publikation
in der Deutschen Nationalbibliografie;
detaillierte bibliografische Daten sind im Internet über
http://dnb.ddb.de abrufbar.

ISBN 978-3-7462-2403-9

© St. Benno-Verlag GmbH
Stammerstr. 11
04159 Leipzig
www.st-benno.de
Umschlaggestaltung: Ulrike Vetter, Leipzig, unter Verwendung von Bildern von picture-alliance (3), Superbild (1)
Gesamtherstellung: Kontext, Lemsel (A)

INHALTSVERZEICHNIS

VORWORT	7
DAMASKUS – DIE BERUFUNG DES SAULUS	9
Kaukab	17
JERUSALEM – APOSTELKONZIL UND GEFANGENNAHME	18
TARSUS – DIE HEIMAT DES APOSTELS	28
ANTIOCHIA AM ORONTES (ANTAKYA) – „KÖNIGIN DES ORIENTS"	32
ZYPERN – EIN RÖMISCHER PROKONSUL WIRD CHRIST	39
Salamis	41
Paphos	43
KLEINASIEN – KERNLAND DES FRÜHEN CHRISTENTUMS	47
Perge	47
Antiochia in Pisidien (Yalvaç)	52
Ikonion (Konya)	56
Lystra	59
Derbe	62
Attalia (Antalya)	63
Ephesus	64
Alexandria Troas (Odun Iskelesi)	74
Assos (Behramkale)	76
Milet	78
Myra (Demre)	80

Exkurs: Smyrna – Pergamon – Kolossä – Galatien	83
GRIECHENLAND –	
DAS EVANGELIUM KOMMT NACH EUROPA	85
Neapolis (Kavalla)	86
Philippi	86
Thessaloniki	95
Beröa	100
Athen	104
Korinth	112
CÄSAREA – AUF DEM WEG NACH ROM	123
MALTA – RETTUNG AUS SEENOT	129
ROM – DAS MARTYRIUM DES APOSTELS	139
DIE BRIEFE DES APOSTELS PAULUS	150
LEBENSDATEN	156
ORTSREGISTER	157
PERSONENREGISTER	160
REGISTER DER BIBELSTELLEN	162
LITERATURVERZEICHNIS	164
ABBILDUNGSNACHWEIS	166

VORWORT

Ich ertrug mehr Mühsal, war häufiger im Gefängnis, wurde mehr geschlagen, war oft in Todesgefahr. Fünfmal erhielt ich von Juden die neununddreißig Hiebe; dreimal wurde ich ausgepeitscht, einmal gesteinigt, dreimal erlitt ich Schiffbruch, eine Nacht und einen Tag trieb ich auf hoher See. Ich war oft auf Reisen, gefährdet durch Flüsse, gefährdet durch Räuber, gefährdet durch das eigene Volk, gefährdet durch Heiden, gefährdet in der Stadt, gefährdet in der Wüste, gefährdet auf dem Meer, gefährdet durch falsche Brüder. Ich erduldete Mühsal und Plage, durchwachte viele Nächte, ertrug Hunger und Durst, häufiges Fasten, Kälte und Blöße.
(Paulus im zweiten Brief an die Korinther 11,23-27)

„Einst ein gewalttätiger Christenverfolger, wechselte er, als er auf dem Weg nach Damaskus vom göttlichen Licht geblendet zu Boden stürzte, ohne Zögern auf die Seite des Gekreuzigten und folgte ihm, ohne es zu bereuen. Er lebte und arbeitete für Christus, für ihn litt und starb er. Wie zeitgemäß ist heute sein Vorbild!"
(Predigt von Papst Benedikt XVI. am 28. Juni 2007 in San Paolo fuori le mura in Rom)

In der Basilika San Paolo fuori le mura, direkt über dem Grab des Apostels Paulus, hat Papst Benedikt XVI. am 28. Juni 2007 ein Jubiläumsjahr ausgerufen, das sich dem Apostel Paulus widmet. Seine Geburt wird heute von den Historikern zwischen den Jahren 7 und 10 n. Chr. angesetzt. Ein ganzes Jahr lang wird die katholische Kirche in einem „Paulus-Jahr" (28. Juni 2008 bis 29. Juni 2009) mit Gottesdiensten und Veranstaltungen daran erinnern, die bevorzugt in Rom stattfinden werden.

Dieses Buch möchte dazu anregen, die Wirkungsstätten des Völkerapostels zu besuchen. Jedes Kapitel beginnt mit einem oder mehreren Berichten aus der Apostelgeschichte, die sich auf die jeweilige Stadt oder Landschaft beziehen. Verwendet wurde die Einheitsübersetzung der Heiligen Schrift aus dem Jahre 1980. Es schließt sich eine kurze Stadt- bzw. Landesgeschichte (Zypern und Malta) an. Der nächste Abschnitt kommentiert das Wirken des Paulus und die Situation zur Zeit seines Besuches. Schließlich werden die Sehenswürdigkeiten beschrieben, die einen Bezug zu Paulus und seiner Zeit haben. Insbesondere bei den beiden großen Wallfahrtsorten der Christenheit – Jerusalem und Rom – konnte nur ein kurzer Überblick gegeben werden. Wer dort länger verweilt, sollte unbedingt auf weitere Bücher zurückgreifen.

Mit Paulus beginnt die Heidenmission der jungen Kirche. Zuvor wurde das Evangelium vor allem den Juden verkündet, die meisten Gemeinden bestanden aus Judenchristen. Aber die Vision des Petrus (Apg 10,9-23) eröffnet den Weg zu den Heiden. Petrus gelingt es, die Gemeinde in Jerusalem von Gottes Verheißung an die Heiden zu überzeugen (Apg 11,1-18). Und doch ist es in erster Linie Paulus, der zu den Heiden geht und ihnen die Vergebung ihrer Sünden durch den Tod Jesu am Kreuz predigt. Die Apostelgeschichte und auch die Briefe des Paulus geben hiervon Zeugnis. Paulus hat Gottes Wort in Syrien, Palästina, Zypern, Kleinasien, Griechenland, Malta und Rom verkündet. Dieses Buch folgt seinen Spuren. Zahlreich sind die Orte, die er besuchte und die auch wir heute noch sehen können. Darunter sind eindrucksvolle Ruinenstädte wie Ephesus, Korinth oder Philippi, lebendige Metropolen wie Damaskus, Athen oder Rom, aber auch bis heute noch nicht ausgegrabene Städte wie Lystra oder Derbe. In Thessaloniki oder Konya erhebt sich die moderne Stadt direkt auf den antiken Ruinen, so dass nur wenige historische Zeugnisse sichtbar sind. Sie alle laden ein, uns neu auf den Weg zu machen. Auf den Weg dorthin, wo Paulus durch Gottes Wort wirkte und die ersten Gemeinden gründete. Auf den Weg zu Gott.

Leipzig, am Fest der Bekehrung des Apostels Paulus, 25. Januar 2008

DAMASKUS
Die Berufung des Saulus

Saulus wütete immer noch mit Drohung und Mord gegen die Jünger des Herrn. Er ging zum Hohenpriester und erbat sich von ihm Briefe an die Synagogen in Damaskus, um die Anhänger des (neuen) Weges, Männer und Frauen, die er dort finde, zu fesseln und nach Jerusalem zu bringen. Unterwegs aber, als er sich bereits Damaskus näherte, geschah es, dass ihn plötzlich ein Licht vom Himmel umstrahlte. Er stürzte zu Boden und hörte, wie eine Stimme zu ihm sagte: Saul, Saul, warum verfolgst du mich? Er antwortete: Wer bist du, Herr? Dieser sagte: Ich bin Jesus, den du verfolgst. Steh auf und geh in die Stadt; dort wird dir gesagt werden, was du tun sollst. ... Saulus erhob sich vom Boden. Als er aber die Augen öffnete, sah er nichts. Sie nahmen ihn bei der Hand und führten ihn nach Damaskus hinein. Und er war drei Tage blind und er aß nicht und trank nicht.

In Damaskus lebte ein Jünger namens Hananias. Zu ihm sagte der Herr in einer Vision: Hananias! Er antwortete: Hier bin ich, Herr. Der Herr sagte zu ihm: Steh auf und geh zur sogenannten Geraden Straße und frag im Haus des Judas nach einem Mann namens Saulus aus Tarsus. Er betet gerade und hat in einer Vision gesehen, wie ein Mann namens Hananias hereinkommt und ihm die Hände auflegt, damit er wieder sieht. ... Geh nur! Denn dieser Mann ist mein auserwähltes Werkzeug: Er soll meinen Namen vor Völker und Könige und die Söhne Israels tragen. Ich werde ihm auch zeigen, wie viel er für meinen Namen leiden muss. Da ging Hananias hin und trat in das Haus ein; er legte Saul die Hände auf und sagte: Bruder Saul, der Herr hat mich gesandt, Jesus, der dir auf dem Weg hierher erschienen ist; du sollst wieder sehen und mit dem Heiligen Geist erfüllt werden. Sofort fiel es wie Schuppen von seinen Augen und er sah wieder; er stand auf und ließ sich taufen. ...

Einige Tage blieb er bei den Jüngern in Damaskus; und sogleich verkündete er Jesus in den Synagogen und sagte: Er ist der Sohn Gottes. Alle, die es hörten, gerieten in Aufregung und sagten: Ist das nicht der Mann, der in Jerusalem alle vernichten wollte, die diesen Namen anrufen? ... Saulus aber trat um so kraftvoller auf und brachte die Juden in Damaskus in Verwirrung, weil er ihnen bewies, dass Jesus der Messias ist.

So verging einige Zeit, da beschlossen die Juden, ihn zu töten. Doch ihr Plan wurde dem Saulus bekannt. Sie bewachten sogar Tag und Nacht die Stadttore, um ihn zu beseitigen. Aber seine Jünger nahmen ihn und ließen ihn bei Nacht in einem Korb die Stadtmauer hinab.

Apostelgeschichte 9,1-25

Damaskus, Blick über die Stadt zur Omaijadenmoschee

Mindestens seit dem 5. Jahrtausend v. Chr., vielleicht auch schon deutlich länger, sind Teile des heutigen Stadtgebietes von Damaskus besiedelt. Auf einer im Zweistromland gefundenen Tafel, um 2500 v. Chr. in Keilschrift beschrieben, findet sich erstmals der Name Damaskus. König David (um 1040–um 965/64 v. Chr.) eroberte die Stadt um das Jahr 1000 v. Chr. und gliederte sie seinem Reich Israel ein. Später herrschten die Perser und Alexander der Große (356–323 v. Chr.), bevor die Stadt 66 v. Chr. von den Römern eingenommen wurde. Das nachfolgend zum Byzantinischen Reich gehörige Damaskus fiel 635/36 an die Omaijaden und wurde für rund einhundert Jahre Sitz des Kalifen und Hauptstadt des islamischen Reiches. Auch danach blieb die Stadt eine der Metropolen des Orients. Im Jahr 1516 kam Damaskus unter türkische Herrschaft.

Ein großer Teil der Altstadt wurde im Sommer 1860 bei einem Massaker an der christlichen Bevölkerung zerstört. Seit der Unabhängigkeit Syriens 1946 ist Damaskus die Hauptstadt des Landes. Etwa zwei Millionen Menschen leben in der Stadt, die auch Sitz eines griechisch-orthodoxen, eines griechisch-katholischen (mit Rom unierten) und eines syrisch-orthodoxen Patriarchen ist. Etwa zehn Prozent der syrischen Bevölkerung gehören einem Dutzend verschiedener christlicher Kirchen an.

Damaskus liegt in einer fruchtbaren Ebene zwischen dem Hermongebirge im Westen und der syrischen Wüste im Osten. Die wasserreiche Oase begünstigte die Entwicklung der Stadt, die schon im Altertum ein Schnittpunkt wichtiger Handelsverbindungen im Vorderen Orient war.

Zur Zeit des Paulus war Damaskus eine Großstadt mit etwa 100 000 Einwohnern. Geprägt wurde die Stadt durch das zum Teil noch erkennbare rechtwinklige Straßennetz. Der große Tempel des Jupiter Damascenus beherrschte die Stadt. Das kulturelle Leben wurde durch das griechische Gymnasium (Gymnasion) geprägt. Als Paulus nach Damaskus kam, lebte dort eine große jüdische Bevölkerungsgruppe. Das bestätigt Flavius Josephus (um 37–nach 100), der von einem Massaker an den jüdischen Einwohnern im Jahr 66 n. Chr. berichtet, dem über 10 000 Menschen zum Opfer fielen.

Auf dem Weg nach Damaskus erlebte Paulus seine Berufung zum Apostel. Er verfolgte die Anhänger Jesu bis in diese Stadt. Von einer

Damaskus, Stadtmauer

Lichterscheinung wurde er überwältigt und vernahm die Stimme des Auferstandenen, der ihn in seine Nachfolge berief. Seine Begleiter hörten nur die Stimme. Sie führten den erblindeten Paulus in die Stadt, wo er drei Tage fastete. Danach besuchte ihn Hananias, von Jesus beauftragt. Hananias war eine einflussreiche Person der noch jungen und kleinen Christengemeinde von Damaskus. Wahrscheinlich gehörte er zu den griechisch sprechenden Judenchristen, die erst kurz vorher aus Jerusalem vertrieben worden waren. Hananias legte Paulus die Hände auf, der wieder sehend wurde, und taufte ihn. Paulus missionierte nun in den Synagogen der Stadt, noch waren die Heiden nicht Ziel seiner Bemühungen. Nach den Selbstzeugnissen des Paulus (Gal 1,17f.) wirkte er drei Jahre in Damaskus und dem angrenzenden Arabien, bevor er aus der Stadt flüchten musste. Hinter Arabien vermutet man heute die Gegend um das „arabische" Bosra, eine antike Stadt etwa 125 Kilometer südlich von Damaskus. Die Berufung (oder traditionell Bekehrung) des Paulus erfolgte wohl in der Mitte der dreißiger Jahre. Um 50 gab es in Damaskus bereits eine starke christliche Gemeinde.

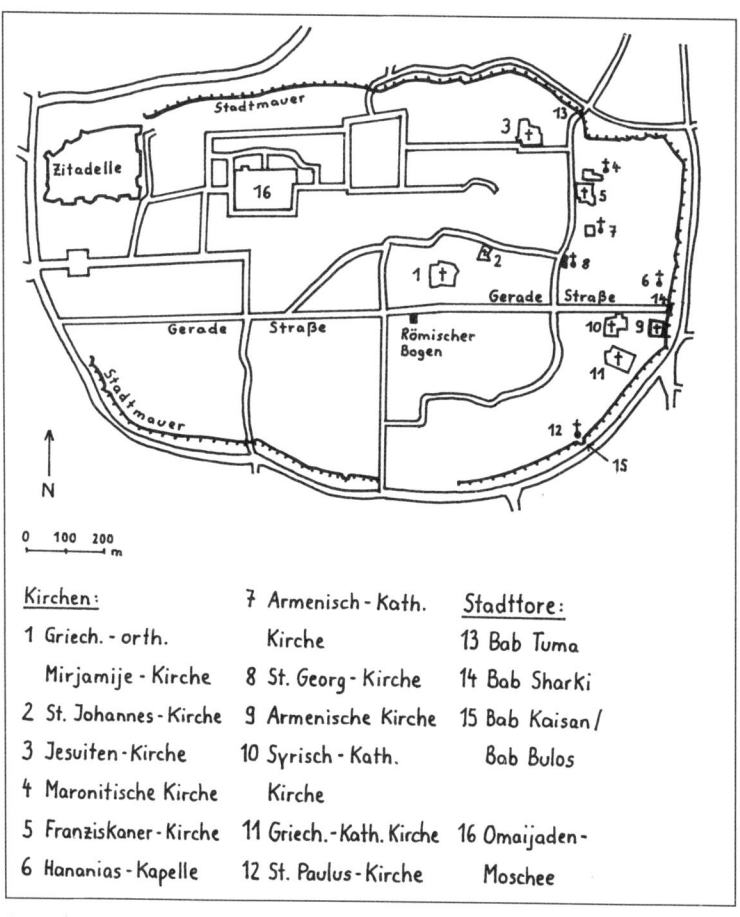

Damaskus, Stadtplan

Bis heute ist die Hauptgeschäftsstraße der Altstadt von Damaskus der von West nach Ost verlaufende „decumanus", von Lukas in der Apostelgeschichte als „Gerade Straße" bezeichnet. Zur Zeit des Paulus hat diese Straße das Stadtbild bestimmt. Sie lag damals etwa drei

Damaskus, Bab Sharki (Osttor). Als einziges hat dieses Stadttor noch antike Elemente bewahrt.

Damaskus, Omaijadenmoschee

Meter tiefer, bietet aber bis heute einen guten Orientierungspunkt. Die 26 Meter breite Straße war einst dreigeteilt, der Fußweg lag etwas höher als der Fahrweg in der Mitte. In römischer Zeit säumten Säulengänge die Straßen, hinter denen sich Geschäfte befanden. Umschlossen wurde die Stadt von einer Stadtmauer, die in weiten Teilen noch heute erhalten ist, wenn auch immer wieder erneuert. Das Stadttor Bab Sharki bei der Hananias-Kapelle hat als einziges noch antike Elemente bewahrt, die den römischen Bau erkennbar machen. Etwa um die Zeitenwende wurde der Tempel des Jupiter Damascenus errichtet, ein mächtiges und das Stadtbild prägendes Bauwerk. An gleicher Stelle existierte bereits ein Vorgängerbau, das Heiligtum einer aramäischen Stadtgottheit. Ein riesiger Vorplatz (156 x 97 Meter) konnte große Pilgerscharen aufnehmen. Anfang des 1. Jahrhunderts n. Chr. war der Vorplatz erweitert worden. Nun umschlossen ihn große Säulenreihen (Kolonnaden). Die Umfassungsmauer dieses inneren Tempelbereichs ist heute als Außenmauer der Moschee erhalten. Ein noch größerer äußerer Tempelvorplatz schloss sich an (380 x 310 Meter). Erhalten ist das Osttor mit seiner Fassade. Es lässt die monumentale Größe des Tempelkomplexes erahnen. Der Tempel wurde in byzantinischer Zeit in eine Kirche umgebaut, die Johannes dem Täufer geweiht wurde. Die Kalifen wiederum wandelten die Kirche in eine Moschee um. In der bekannten Omaijaden-Moschee, die Papst Johannes Paul II. (1920–2005) im Jahre 2001 besuchte, wird bis heute das Haupt Johannes des Täufers verehrt.

Damaskus, Inneres der Omaijadenmoschee, Grab Johannes des Täufers

Eine Kolonnadenstraße verband im antiken Damaskus den Jupitertempel mit der östlich davon liegenden Agora. Dieser nicht mehr vorhandene Marktplatz bestimmte das öffentliche Leben der Stadt.

Damaskus, Haus im Christenviertel

Damaskus, Pauluskirche am Stadttor Bab Kaisan

Im Nordosten der Altstadt befindet sich bis heute das Christenviertel. Es wird geprägt von den Kirchen und Patriarchaten der verschiedenen Konfessionen. Hinter abweisenden Mauern liegen verträumte Innenhöfe mit kleinen Gärten und Springbrunnen, die den Bewohnern Schatten spenden.

Die Hananias-Kapelle im Haus des Hananias gehört zu den ältesten christlichen Kirchen überhaupt. Man erreicht sie durch eine kleine Gasse, die kurz vor Erreichen des Stadttores Bab Sharki nach Norden abzweigt. Das einer Krypta ähnelnde Untergeschoss soll einst das Wohnhaus des Hananias gewesen sein. Mittlerweile liegt die Kapelle, die seit dem 14. Jahrhundert von Franziskanern betreut wird, sechs Meter tief in der Erde. Hananias soll der erste Bischof von Damaskus gewesen sein.

Eine Pauluskirche befindet sich am Stadttor Bab Kaisan, das von den Christen nach dem Apostel Bab Bulos genannt wird. An dieser Stelle soll Paulus in einem Korb an der Stadtmauer herabgelassen worden sein, um seinen Verfolgern zu entkommen. Der heutige Torbau geht auf das 14. Jahrhundert zurück. Das griechische Christus-Monogramm XP auf beiden Seiten des Stadttores erinnert daran. Die kleine Pauluskirche wurde 1939 erbaut, eine neue Bronzestatue des Apostels 1999 in der Kirche aufgestellt.

Im südöstlichen Teil der Altstadt befindet sich das historische Judenviertel, in dem heute aber vor allem palästinensische Flüchtlinge leben. Juden gibt es in Syrien fast keine mehr.

KAUKAB

In byzantinischer Zeit erinnerte ein Kloster, das beim zweiten Meilenstein südlich von Damaskus errichtet wurde, an die Berufung des Apostels. Bereits 1217 wird berichtet, die Kirche sei in eine Moschee umgewandelt worden. Der genaue Ort dieser frühchristlichen Kirche ist heute nicht mehr zu lokalisieren.

Eine lokale Überlieferung verlegt den Ort der Bekehrung in die Nähe des kleinen Dorfes Kaukab, 18 Kilometer südlich von Damaskus. Hier wurden bei Ausgrabungen Reste aus antiker und frühchristlicher Zeit freigelegt, darunter die Fundamente einer byzantinischen Kirche und eines Klosters. Das Kloster lag auf einem Hügel, der den gleichen Namen wie das Dorf trägt. Ein moderner Kirchenkomplex mit einem neu begründeten Kloster, der an die Geschehnisse erinnert, wurde 1965 von der griechisch-orthodoxen Kirche errichtet.

Die moderne Forschung hat noch weitere Orte mit der Bekehrung des Paulus in Verbindung gebracht. Allerdings erinnern dort keine Kirchen und Kapellen an das Ereignis. In der kirchlichen Tradition spielen diese Plätze keine Rolle.

JERUSALEM
Apostelkonzil und Gefangennahme

Als er nach Jerusalem kam, versuchte er, sich den Jüngern anzuschließen. Aber alle fürchteten sich vor ihm und konnten nicht glauben, dass er ein Jünger war. Barnabas jedoch nahm sich seiner an und brachte ihn zu den Aposteln. Er erzählte ihnen, wie Saulus auf dem Weg den Herrn gesehen habe und dass dieser mit ihm gesprochen habe und wie er in Damaskus mutig und offen im Namen Jesu aufgetreten sei. So ging er bei ihnen in Jerusalem ein und aus, trat unerschrocken im Namen des Herrn auf und führte auch Streitgespräche mit den Hellenisten. Diese aber planten, ihn zu töten. Als die Brüder das merkten, brachten sie ihn nach Cäsarea hinab und schickten ihn von dort nach Tarsus.

Apostelgeschichte 9,26-30

Bei ihrer Ankunft in Jerusalem wurden sie (Paulus, Barnabas und einige Begleiter) von der Gemeinde und von den Aposteln und den Ältesten empfangen. Sie erzählten alles, was Gott mit ihnen zusammen getan hatte. Da erhoben sich einige aus dem Kreis der Pharisäer, die gläubig geworden waren, und sagten: Man muss sie beschneiden und von ihnen fordern, am Gesetz des Mose festzuhalten.
... Und sie hörten Barnabas und Paulus zu, wie sie erzählten, welch große Zeichen und Wunder Gott durch sie unter den Heiden getan hatte.
... Als sie geendet hatten, nahm Jakobus das Wort und sagte: ... Darum halte ich es für richtig, den Heiden, die sich zu Gott bekehren, keine Lasten aufzubürden; man weise sie nur an, Verunreinigung durch Götzen(opferfleisch) und Unzucht zu meiden und weder Ersticktes noch Blut zu essen. ...

Da beschlossen die Apostel und die Ältesten zusammen mit der ganzen Gemeinde, Männer aus ihrer Mitte auszuwählen und sie zusammen mit Paulus und Barnabas nach Antiochia zu senden, nämlich Judas, genannt Barsabbas, und Silas, führende Männer unter den Brüdern.

Apostelgeschichte 15,4-22

Als die sieben Tage zu Ende gingen, sahen ihn die Juden aus der Provinz Asien im Tempel. Sie brachten das ganze Volk in Aufruhr, ergriffen ihn und schrien. ... Da geriet die ganze Stadt in Aufregung, und das Volk lief zusammen. Sie ergriffen Paulus und zerrten ihn aus dem Tempel, und sofort wurden die Tore geschlossen. Schon wollten sie ihn umbringen, da brachte man dem Obersten der Kohorte die Meldung hinauf: Ganz Jerusalem ist in Aufruhr! Er eilte sofort mit Soldaten und Hauptleuten zu ihnen hinunter. Als sie den Obersten und die Soldaten sahen, hörten sie auf, Paulus zu schlagen. Der Oberst trat hinzu, verhaftete ihn, ließ ihn mit zwei Ketten fesseln und fragte, wer er sei und was er getan habe. In der Menge schrien die einen dies, die andern das. Da er bei dem Lärm nichts Sicheres ermitteln konnte, befahl er, ihn in die Kaserne zu führen.

Apostelgeschichte 21,27-34

Jerusalem ist eine der ältesten Städte der Welt und liegt am Osthang des Hochlands von Judäa auf einem wasserarmen Kalkplateau. Die Besiedlung reicht bis ins 3. Jahrtausend v. Chr. zurück. König David (um 1040–um 965/64 v. Chr.) eroberte die Stadt etwa um 1000 v. Chr. und machte sie zum religiösen und administrativen Zentrum seines Reiches Israel. Salomo (965–926 v. Chr.), sein Sohn und Nachfolger, errichtete etwa 950 v. Chr. den ersten Tempel. Als die Babylonier 587 v. Chr. die Stadt eroberten, wurde auch der Tempel zerstört und der größte Teil der jüdischen Bevölkerung nach Babylon weggeführt. Die Zugehörigkeit der später wieder von zurückkehrenden Juden besiedelten Stadt wechselte häufiger. Ein neuer Tempel konnte gebaut werden. Dieser wurde im Jahre 70 n. Chr. von den Römern mitsamt der ganzen Stadt zerstört, nachdem ein jüdischer Aufstand ausgebrochen war. Die Ruinen der Stadt durften von Juden nicht mehr betreten werden. Jerusalem wurde im Jahr 135 als heidnische Stadt Aelia Capitolina neu gegründet. Römer, Byzantiner, Perser und Araber beherrschten in den folgenden Jahrhunderten die Stadt. Die Kreuzritter eroberten 1099 Jerusalem und machten es zur Hauptstadt des gleichnamigen Königreiches, das aber nur bis 1187 Bestand hatte.

Seit dem 13. Jahrhundert war Juden wieder die Zuwanderung nach Jerusalem erlaubt, 1267 durfte erstmals eine neue Synagoge gebaut werden. Die Türken eroberten 1517 die Stadt und errichteten die bis heute erhaltenen Stadtmauern. Im Ersten Weltkrieg nahmen die Briten die Stadt ein. Sie wurde Sitz der Mandatsverwaltung für Palästina. Nach den militärischen Auseinandersetzungen zwischen Juden und Arabern 1948 war die Stadt in einen israelischen West- und einen jordanischen Ostteil geteilt. Im Sechs-Tage-Krieg 1967 eroberte Israel Ostjerusalem. Das israelische Parlament erklärte 1980 Jerusalem zur „ewigen und unteilbaren Hauptstadt Israels".

In Jerusalem leben heute 700 000 Menschen, davon sind etwa zwei Drittel Juden. Die Stadt ist zentraler Wallfahrtsort der Juden, Christen und Moslems. Für die Christen ist Jerusalem in erster Linie der Ort des Leidens, Sterbens und der Auferstehung Jesu. Ein griechisch-orthodoxer, ein armenisch-apostolischer und ein römisch-katholischer Patriarch sowie ein anglikanischer Bischof residieren in der Stadt.

SILAS

Silas, im Neuen Testament auch Silvanus genannt, war Jude aus Jerusalem. Er gehörte zu den ersten Christen der Urgemeinde, war einer ihrer führenden Männer und ein Prophet (Apg 15,22. 32). Zusammen mit Paulus, Barnabas und Judas Barsabbas wurde er nach Antiochia am Orontes geschickt. Dort sollten sie das Ergebnis des Apostelkonzils bekannt geben, das das Tor zur Heidenmission weit aufstieß (Apg 15,30-34). Silas begleitete Paulus auch auf seiner zweiten Missionsreise in Griechenland, so u. a. in Thessaloniki (1 Thess 1,1) und Korinth (2 Kor 1,19). Mit Paulus zugleich wird er als Absender der beiden Thessalonicherbriefe genannt. In der katholischen Kirche wird seiner am 13. Juli gedacht. Bei den Orthodoxen sind der 4. Januar und der 30. Juli seine Gedenktage.

Als Ort der Verehrung des Paulus spielt Jerusalem kaum eine Rolle. Paulus ist mehrmals in der Stadt gewesen. Er könnte schon in früher Jugend nach Jerusalem gekommen sein, *hier in dieser Stadt erzogen, zu Füßen Gamaliels genau nach dem Gesetz der Väter ausgebildet* (Apg 22,3). Gamaliel lehrte etwa zwischen 20 und 50 n. Chr. Erstmals in der Apostelgeschichte wird Paulus als Zeuge

Jerusalem, Felsendom

Jerusalem, Stadtansicht

der Steinigung des Stephanus erwähnt, *Saulus aber war mit dem Mord einverstanden* (Apg 8,1).

Paulus verfolgte die junge Christengemeinde in Jerusalem (Apg 8,3) und wollte auch in Damaskus aktiv werden (Apg 9,2). Aber die Erscheinung des auferstandenen Jesus veränderte sein Leben grundlegend. Der Verfolger wird zum eifrigsten Prediger des Auferstandenen. Doch in Jerusalem mochte man wohl nicht daran glauben. Bei der Rückkehr des Paulus nach Jerusalem waren die Jünger in Angst, eine neue Verfolgung könne anbrechen.

Jerusalem, Blick über die Stadt

Aber Barnabas begleitete Paulus und brachte ihn zu den Aposteln. Mit den hellenistischen Juden führte Paulus Streitgespräche. Dieser Aufenthalt in Jerusalem währte nur kurz und wird in den Jahren zwischen 35 und 38 angesetzt.

Erst reichliche zehn Jahre später, um 48/49, wissen wir von einem neuerlichen Besuch des Paulus in Jerusalem. Die durch die Vision des Petrus vorbereitete und vor allem von Paulus tatkräftig umgesetzte Heidenmission brachte Probleme mit sich. Eine Versammlung der Apostel in Jerusalem, das Apostelkonzil, sollte zur Klärung beitragen. Im Mittelpunkt stand die Frage, ob die zu Christus bekehrten Heiden das Gesetz halten und beschnitten werden müssen. Doch die Apostel kamen zu dem Schluss, dass sich die Heiden nur von Unzucht enthalten und auf das Essen von Götzenopferfleisch und Blut verzichten sollen.

Der letzte Aufenthalt des Paulus in Jerusalem, für das Jahr 56 angesetzt, endete mit der Verhaftung. Paulus kam aus Griechenland und Kleinasien. Er wollte die zur Unterstützung der Jerusalemer Gemeinde gesammelte Kollekte überbringen. Beim Besuch des Tempels wurde er von asiatischen Juden erkannt. Ein großer Tumult ent-

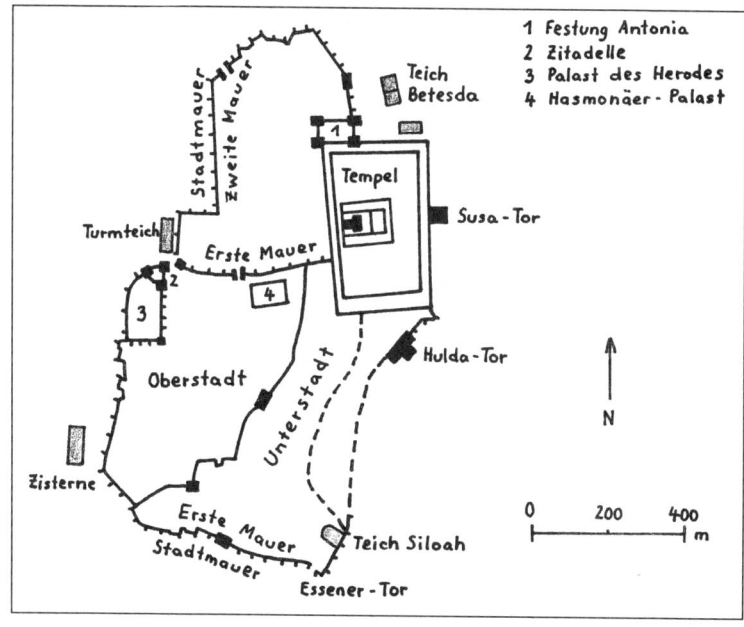

Jerusalem, Stadtplan zur Zeit Jesu

stand, Paulus wurde aus dem Tempel gezerrt und sollte getötet werden. Von der Burg Antonia, von der man das gesamte Tempelgelände überwachen konnte, eilten römische Soldaten in die Stadt und verhafteten Paulus. Im Tempelvorhof und vor dem Hohen Rat hielt Paulus Reden (Apg 22,1-21; 22,30-23,11). Da sich die Lage in der Stadt nicht beruhigte und immer noch Gefahr für das Leben des Paulus bestand, schickte ihn der römische Oberst zum Statthalter in die Provinzhauptstadt Cäsarea.

Aufgrund seiner langen Geschichte besitzt Jerusalem viele Sehenswürdigkeiten. Die gesamte Altstadt wurde 1983 zum Weltkulturerbe erklärt. Aus der Zeit vor der Zerstörung im Jahre 70 n. Chr. sind vor allem Ruinen erhalten.

Zwei Hauptstraßen, die Davidstraße von West nach Ost und die Basarstraße von Nord nach Süd füh-

Jerusalem, Stadtmauer

Jerusalem, Damaskustor

rend, treffen sich in der Mitte der Altstadt und teilen diese in vier Quartiere. Es handelt sich um das jüdische, christliche, armenische und moslemische Viertel. Eine zwölf Meter hohe und vier Kilometer lange Stadtmauer, mit Türmen bewehrt, umschließt die Altstadt. In ihrer jetzigen Anlage wurde sie 1537 errichtet. Das Stephans- oder Löwentor im Nordteil der östlichen Altstadtmauer ist nach christlicher Überlieferung der Ort des Martyriums des Stephanus. Aber noch ein zweiter Platz beansprucht diese Tradition für sich: die französische Dominikanerkirche St. Stephan in der Nablusstraße nördlich des Damaskustores. Der Dominikaner Lecomte entdeckte 1882 diese Tradition und erneuerte den Stephanuskult.

Wichtigstes steinernes Zeugnis aus der Zeit Herodes' I. (des Großen; 37 v. Chr.–4 n. Chr.) ist die Klagemauer, der Überrest des von ihm ab 20 v. Chr. prächtig erneuerten Tempels. Der aufgrund der großen Pilgerscharen zu klein gewordene Tempelbezirk des Esra und Nehemia wurde durch Herodes auf fast die doppelte Fläche erweitert. Die Umfassungsmauern (300 Meter an der Schmal-, knapp 500 Meter an

Jerusalem, Westmauer (Klagemauer) des Tempelberges

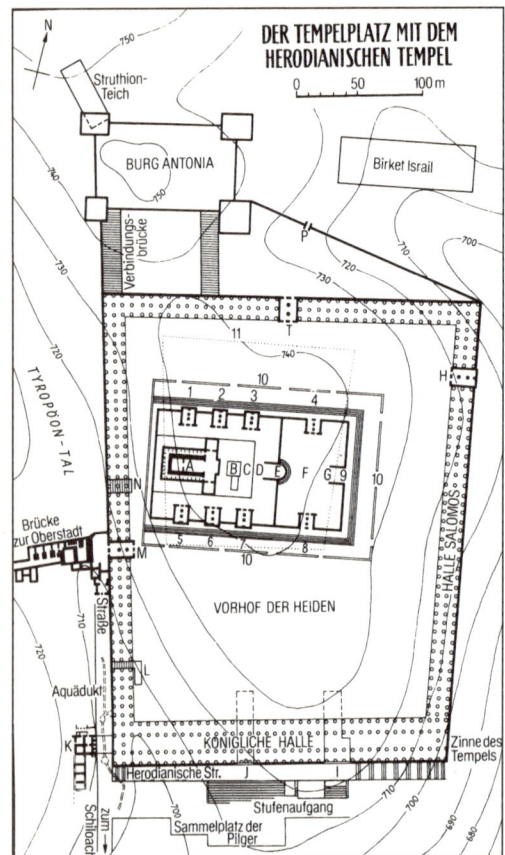

Jerusalem. Der Tempelplatz zur Zeit Jesu.

Der Bereich direkt vor der Klagemauer gilt als Synagoge.

Nördlich des Tempels erhob sich die Festung Antonia, von Herodes I. erbaut und nach Marcus Antonius benannt. Das Gelände erhebt sich über den Tempelberg, der so besonders gut einsehbar war. Der Komplex von 100 x 160 Metern war von hohen Mauern umgeben, an allen vier Ecken durch Türme verstärkt. Im Inneren war er wie ein Palast eingerichtet. Nach der Eroberung der Stadt durch Titus (39–81) wurde die Festung geschleift. Ein Modell ist in der nahe gelegenen Kirche der Schwestern Zions zu sehen.

Die westliche Stadtmauer wurde entlang der ursprünglichen Mauer aus der Epoche des ersten Tempels über dem Hinnomtal wiederaufgebaut. Am nördlichen Ende der Mauer baute Herodes eine Zitadelle mit drei Wehrtürmen. Von einem der Türme blieb ein ziemlich hoher

der Längsseite) müssen an manchen Stellen bis zu 45 Meter hoch gewesen sein. Für die Juden ist die Klagemauer der Ort, an dem sie ständig an den nicht mehr existierenden Tempel erinnert werden.

Stumpf bis heute erhalten. Der Palast des Herodes schloss sich südlich direkt an die Zitadelle an und lag unmittelbar hinter der Stadtmauer. Von der großartigen Anlage sind nur Reste des Fundamentsockels erhalten. In der Umgebung wurden zur Zeit des Herodes viele Villen errichtet. Die Größe und die gefundenen Ausstattungsgegenstände zeugen vom Reichtum der einstigen Bewohner.

Außerhalb der heutigen Stadtmauern, ungefähr 150 Meter südlich des Zionstores, befindet sich der Abendmahlssaal (Coenaculum). Die Tradition verbindet mit diesem Ort neben dem letzten Abendmahl auch die Erscheinung des Auferstandenen, die Ausgießung des Heiligen Geistes und das Apostelkonzil. Der Abendmahlssaal befindet sich über dem Saal der Fußwaschung und dem Davidsgrab. Franziskaner erneuerten den Raum im 14. Jahrhundert. Der gotische Saal von nur ca. 10 x 16 Metern Größe wird von einem Gewölbe überspannt, das von zwei Säulen getragen wird.

Den besten Eindruck vom Jerusalem, wie Jesus und Paulus es kannten, vermittelt ein Stadtmodell im Garten des Holyland-Hotels im westlichen Vorort Bet Vegan. Im Maßstab 1:50 wurden das Gelände modelliert und die Gebäude mit Originalmaterialien nachgebaut. Durch die genaue Ausrichtung nach Norden kann sogar die Wirkung von Licht und Schatten nachvollzogen werden.

TARSUS
Die Heimat des Apostels

Barnabas aber zog nach Tarsus, um Saulus aufzusuchen. Er fand ihn und nahm ihn nach Antiochia mit.

Apostelgeschichte 11,25

Seit der Antike hat Tarsus seinen Namen behalten. Das Gebiet um die Stadt ist schon seit dem 4. Jahrtausend v. Chr. besiedelt. Etwa im 8./7. Jahrhundert v. Chr. siedelten sich auch Griechen in der Stadt an. Assyrer, Babylonier und Perser beherrschten die Stadt, bevor Alexander der Große (356–323 v. Chr.) sie seinem Reich eingliederte. Starker hellenistischer Einfluss machte sich jetzt bemerkbar. Im Jahre 64 v. Chr. wurde Tarsus dem Römischen Reich eingegliedert und später Hauptstadt der Provinz Zilizien. Im 1. Jahrhundert n. Chr. lebten 300 000, vielleicht auch 500 000 Menschen in der Stadt. Vom 6. bis zum 14. Jahrhundert wechselten sich christliche und muslimische Machthaber ab, bevor die Türken Tarsus eroberten. Heute leben in der türkischen Provinzstadt mehr als 300 000 Einwohner. Das untergegangene Erzbistum lebt als Titularsitz der römisch-katholischen Kirche weiter. Theodor von Canterbury (602–690), achter Erzbischof der englischen Kirche, wurde in Tarsus geboren.

Das antike Tarsus, in dem Paulus zur Welt kam, war eine bedeutende Handelsstadt, etwa drei Kilometer vom Meer entfernt, aber über einen schiffbaren Fluss damit verbunden. Der Hafen ist heute verlandet. Mittlerweile liegt Tarsus 16 Kilometer von der Küste entfernt. Nördlich der Stadt erhebt sich das Taurusgebirge. Durch diese günstige Lage war Tarsus eine wichtige Station auf den antiken Handelswegen. In der fruchtbaren Umgebung der Stadt baute man Getreide, Wein und Flachs an. Flachs war der wichtigste Rohstoff für die Leinenweberei, für die Tarsus berühmt war. Auch Paulus hat dieses Handwerk erlernt und Zelte hergestellt.

In Tarsus herrschte ein starker religiöser Synkretismus. Gottheiten wie Baal, Tarz und Zeus verschmolzen zum Stadtgott Sandan. Daneben gab es eine große jüdische Gemeinde. Die bevorzugte Stellung der Juden wird daran deutlich, dass sie das Bürgerrecht besaßen. In Jerusalem gab es eine eigene Synagoge für die Diasporajuden aus Zilizien und damit auch für die aus Tarsus. Die Stadt war aber auch ein Zentrum der griechischen Bildung, Sitz einer Universität und einer Philosophenschule der Stoiker.

Paulus kannte diese griechischen und hellenistischen Einflüsse, wuchs aber doch jüdisch auf. Außer der

Tarsus, Römisches Stadttor, auch Kleopatra-Tor genannt

Kinder- und frühen Jugendzeit verbrachte Paulus auch die Jahre zwischen seiner Bekehrung und dem Beginn der ersten Missionsreise (etwa 35/38–45/46) wohl zum großen Teil in seiner Heimatstadt. Wahrscheinlich hat Paulus auch auf der zweiten und dritten Missionsreise Tarsus besucht, führte ihn sein Weg doch durch Zilizien. Allerdings gibt es keine Beweise dafür.

Trotz der großen Vergangenheit ist Tarsus heute keine sehr interessante Stadt. Der überwiegende Teil der Ruinen geht nur bis in die Kreuzzugszeit zurück. Über der antiken Stadt erhebt sich heute das moderne Tarsus.

Ein römisches Stadttor trägt den Namen Kleopatra-Tor. Es erinnert an die Begegnung von Kleopatra (69–30 v. Chr.) und Marcus Antonius (82–30 v. Chr.) 41 v. Chr. in Tarsus. Wahrscheinlich hat schon Paulus dieses Tor gesehen. Darüber hinaus sind Tempel- und Theaterfundamente erhalten. An einigen Moscheen kann man noch Reste byzantinischer Kirchen erkennen. So wird die Alte Moschee (Eski Cami) auch Kirchenmoschee (Kilise Cami) genannt. Sie wurde wohl 1102 über quadratischem Grundriss erbaut und ist noch deutlich als Kirche erkennbar.

Das einst wahrscheinlich Paulus geweihte Gotteshaus befindet sich an der Hauptstraße direkt in der Stadtmitte. In unmittelbarer Nähe wurden die Reste eines römischen Bades ausgegraben. Die Große Moschee, 1266 von den Mamelucken errichtet, steht auf den Grundmauern der alten Kreuzfahrerkathedrale, die auch Krönungskirche der kleinarmenischen Könige des Mittelalters war.

Im ehemaligen jüdischen Viertel wird den Touristen der Paulusbrunnen (St. Paulus Kuyusu) gezeigt. Der Ziehbrunnen befindet sich im Hof eines Hauses, von dem man erzählt, dass dort schon Paulus gelebt habe oder sogar geboren worden sei. Tatsächlich wurde das Haus erst im 16. Jahrhundert gebaut.

Eine Paulus-Kirche (St. Paulus Kilisesi) geht wohl auf das 19. Jahrhundert zurück. Diese ehemalige griechisch-orthodoxe Kirche wurde aufwändig restauriert und zeigt im Innern Bilder der vier Evangelisten. Heute ist die Kirche wohl am ehesten als Museum zu bezeichnen, ermöglicht aber doch einige Momente der Ruhe und Andacht.

Ein kleiner Nonnenkonvent der „Figlie della Chiesa" (Cumhuriyet Mahallesi. Donuk Taş Cad No. 12/2) bezeugt in der heute vollkommen muslimischen Stadt den christlichen Glauben. Die Schwestern betreuen die Pauluskirche.

Nur wenige Kilometer von Tarsus entfernt liegt direkt am Mittelmeer die Hafenstadt Mersin. Hier befindet sich die katholische Kirche St. Antonius, zum Apostolischen Vikariat Anatolien gehörig (Uray Cad. No. 85).

Seit Sommer 2007 gibt es in Mersin wieder eine kleine armenisch-orthodoxe Gemeinde, die vom armenischen Patriarchen von Konstantinopel besucht wurde. Gelegentliche Gottesdienste feiert man in der katholischen Kirche.

Tarsus. Der sogenannte „Paulusbrunnen" wird im Hof eines Hauses gezeigt, in dem schon Paulus gelebt haben soll. Das Haus wurde aber erst im 16. Jahrhundert gebaut.

ANTIOCHIA AM ORONTES (ANTAKYA)
„Königin des Orients"

Barnabas aber zog nach Tarsus, um Saulus aufzusuchen. Er fand ihn und nahm ihn nach Antiochia mit. Dort wirkten sie miteinander ein volles Jahr in der Gemeinde und unterrichteten eine große Zahl von Menschen. In Antiochia nannte man die Jünger zum ersten Mal Christen.
In jenen Tagen kamen von Jerusalem Propheten nach Antiochia hinab. Einer von ihnen namens Agabus trat auf und weissagte durch den Geist, eine große Hungersnot werde über die ganze Erde kommen. Sie brach dann unter Klaudius aus. Man beschloss, jeder von den Jüngern solle nach seinem Vermögen den Brüdern in Judäa etwas zur Unterstützung senden. Das taten sie auch und schickten ihre Gaben durch Barnabas und Saulus an die Ältesten.

Apostelgeschichte 11,25-30

Nachdem Barnabas und Saulus in Jerusalem ihre Aufgabe erfüllt hatten, kehrten sie zurück; Johannes mit dem Beinamen Markus nahmen sie mit.
In der Gemeinde von Antiochia gab es Propheten und Lehrer: Barnabas und Simeon, genannt Niger, Luzius von Zyrene, Manaën, ein Jugendgefährte des Tetrarchen Herodes, und Saulus. Als sie zu Ehren des Herrn Gottesdienst feierten und fasteten, sprach der Heilige Geist: Wählt mir Barnabas und Saulus zu dem Werk aus, zu dem ich sie mir berufen habe. Da fasteten und beteten sie, legten ihnen die Hände auf und ließen sie ziehen.

Apostelgeschichte 12,25; 13,1-3

Von dort (Attalia) fuhren sie mit dem Schiff nach Antiochia, wo man sie für das Werk, das sie nun vollbracht hatten, der Gnade Gottes empfohlen hatte. Als sie dort angekommen waren, riefen sie die Gemeinde zusammen und berichteten alles, was Gott mit ihnen zusammen getan und dass er den Heiden die Tür zum Glauben geöffnet hatte. Und sie blieben noch längere Zeit bei den Jüngern.

Apostelgeschichte 14,26-28

Man verabschiedete die Abgesandten (in Jerusalem), und sie zogen hinab nach Antiochia, riefen die Gemeinde zusammen und übergaben ihr den Brief. Die Brüder lasen ihn und freuten sich über die Ermunterung. Judas und Silas, selbst Propheten, sprachen ihnen mit vielen Worten Mut zu und stärkten sie. Nach einiger Zeit wurden sie von den Brüdern in Frieden wieder zu denen entlassen, die sie abgesandt hatten. Paulus aber und Barnabas blieben in Antiochia und lehrten und verkündeten mit vielen anderen das Wort des Herrn.

Apostelgeschichte 15,30-35

Antiochia am Orontes war in der Antike die drittgrößte Stadt des Römischen Reiches. Eine erste Ansiedlung wurde 303 v. Chr. nördlich der heutigen Stadt vom Seleukidenherrscher Antigonos I. (382–301 v. Chr.) gegründet. Nacheinander errichtete man vier Stadtviertel, alle erhielten eine eigene Stadtmauer. Im Jahr 64 v. Chr. eroberten die Römer den seleukidischen Reststaat, Antiochia wurde Hauptstadt der Provinz Syrien. In der nun folgenden Blütezeit lebten in der bedeutenden Handelsstadt etwa 500 000 Einwohner. Bis zur arabischen Invasion im 7. Jahrhundert behielt die Stadt Ansehen und Bedeutung. Aber seit einem großen Erdbeben im Jahre 526 setzte ihr Niedergang ein.

Im Mittelalter sank Antiochia zur unbedeutenden Kleinstadt herab. Von den Kreuzfahrern 1098 erobert, blieb die Stadt noch einmal für 170 Jahre in christlicher Hand. Seit 1517 gehörte Antiochia zum Osmanischen Reich. Bis heute ist die Stadt Bestandteil der Türkei geblieben, nur in den Jahren 1918 bis 1939 gehörte sie zu Syrien, das die Franzosen verwalteten.

In Antakya, wie Antiochia türkisch heißt, leben heute ca. 150 000 Einwohner. Neben Türken gibt es auch eine arabische Minderheit, die zu einem kleinen Teil der orthodoxen Kirche angehört.

Antiochia am Orontes, Mosaik aus der antiken Stadt im Museum in Antakya

In der Schwemmlandebene des Flusses Orontes (heutige Bezeichnung: Asi) liegt Antakya, etwa 30 Kilometer vom Mittelmeer entfernt. Für die Kirchengeschichte hatte die Stadt eine große Bedeutung. Erstmals wurden hier die Anhänger Jesu als Christen bezeichnet (Apg 11,26). Auch den Heiden verkündeten nach Antiochia geflohene Judenchristen das Evangelium (Apg 11,20). Es gab in der Stadt eine große jüdische Gemeinde, die viel offener als die Jerusalemer Urgemeinde war. In den Synagogen der Stadt las man die Bibel auch in griechischer Sprache. Durch diese besondere Stellung der antiochenischen Juden gelang von dieser Stadt der Brückenschlag der christlichen Mission in die heidnische Umwelt. Für Paulus war Antiochia der Ausgangspunkt für die erste Missionsreise. Aber auch später kehrte er mehrfach in die Stadt zurück. Sie wurde zu einem wichtigen Stützpunkt der frühchristlichen Mission. Neben Paulus wirkten auch Petrus und Barnabas in Antiochia. Alte Überlieferungen berichten, dass in der Stadt das Matthäus-Evangelium verfasst worden sein soll.

Nach der Zerstörung Jerusalems im Jahre 70 stieg Antiochia zu einem der bedeutendsten Zentren der Christenheit auf. Einer der fünf altkirchlichen Patriarchen hatte hier seinen Sitz. Ihm unterstanden 12 Kirchenprovinzen mit 167 Bischofssitzen. Der frühchristliche Märtyrer Ignatius von Antiochien (35–110/17) kam ebenso aus der Stadt wie der bedeutende Kirchenvater Johannes Chrysostomos (344/54–407). Heute lebt der Name Antiochia fort im Titel von nicht weniger als fünf Patriarchen, drei katholischen, einem griechisch- und einem syrisch-orthodoxen. Ihre Sitze haben sie allerdings bereits im späten Mittelalter nach Syrien oder in den Libanon verlegt.

Zur Zeit der Apostel prägten statuengeschmückte Säulenstraßen, Tempel, vornehme Bäder, imposante Stadien und Theater das Bild Antiochias. Daran erinnert heute fast nichts mehr. Nur Reste der Stadtmauer sind noch erhalten. Wenige antike Funde wurden bisher gemacht, da sich das moderne Antakya direkt über der antiken Metropole befindet. Die Ergebnisse der Ausgrabungen kann man im Archäologischen Museum der Stadt

Antiochia am Orontes, Mosaik aus der antiken Stadt im Museum in Antakya

besichtigen. Zu sehen sind herrliche Mosaiken aus römischen Häusern der Umgebung, Sarkophage und Kleinfunde. Das moderne Antakya nimmt nur einen Bruchteil der Fläche Antiochias ein. Die Stadt ist von ausgedehnten Ölbaumhainen umgeben.

Heute gibt es in Antakya drei Kirchen, in denen sich Christen zu Gottesdiensten versammeln. Am bekanntesten ist die St. Petrus-Grotte. Sie liegt etwa einen Kilometer außerhalb der Stadt an einem Berghang und ist von Gärten umgeben. Die Grotte wird offiziell als Museum unterhalten. Kapuziner und andere Priester, die es wünschen, können aber an jedem Sonn- und Festtag eine Messe feiern. Am 29. Juni treffen sich hier die Christen der Umgebung zu einem Festgottesdienst. Eine alte Legende berichtet, dass die Grotte vom Apostel Petrus geweiht wurde. Sie soll die älteste Kirche der Christenheit sein, in der sich schon die erste Gemeinde um Petrus, Paulus und Barnabas versammelte. Die Grotte wurde gegen 1580 den Orthodoxen überlassen, die sie bis um 1850 nutzten. 1856 erwarb sie der französische Konsul und schenkte sie dem Heiligen Stuhl, der die Seelsorge an den wenigen Katholiken der Gegend den Kapuzinern übertrug. Ins 13. Jahrhundert wird die gotische Fassade datiert. Im Boden finden sich noch Teile eines Mosaiks, an den Felsenwänden Freskenreste. Ein weißer Altar, eine Marmorstatue des Apostels Petrus und ein Bischofsthron sind allesamt neue Ausstattungsstücke aus dem 20. Jahrhundert.

Antiochia am Orontes, St. Petrus-Grotte. Hinter der gotischen Fassade befindet sich eine Grotte, in der Gottesdienste gefeiert werden.

In der Altstadt gibt es eine katholische Kirche (Katolik Kilisesi, Kurtuluş Cad./ Kutlu Sok. No. 6). Der Kapuzinerpater Basilius Galli gründete in Antiochia 1846 eine kleine Ordensniederlassung mit Kapelle und Schule. Er erlitt 1851 das Martyrium, ein Jahr später begann der Kirchenbau. Nach Unterbrechungen nahm erst 1973 wieder ein Ordensmann Wohnsitz in Antakya. Zwei Häuser wurden erworben und renoviert. Neben der kleinen Kirche, die Petrus und Paulus geweiht und mit Ikonen geschmückt ist, fanden darin auch ein kleiner Konvent und Räume für Pilger (etwa 15 Zimmer, nur wenige Einzelzimmer) und Gemeinde Platz. Gärten umgeben das Gelände. Etwa ein Dutzend Familien gehören zur Gemeinde, die ihre Gottesdienste in türkischer Sprache feiert. Seit 1988 begeht man das Osterfest gemeinsam mit den orthodoxen Christen.

Die orthodoxe Kirche findet man in der Nähe der Rana-Brücke (Römerbrücke aus dem 3. Jahrhundert n. Chr.) im Stadtzentrum. Ungefähr 250 Familien zählt die Gemeinde, deren Liturgiesprache das Arabische ist. Die schöne Kirche in einem für die Region typischen Stil wurde im 19. Jahrhundert nach einem verheerenden Erdbeben mit Hilfe der Russischen Orthodoxen Kirche errichtet. Prächtige russische Ikonen zieren das Innere. Außerhalb der Gottesdienste ist die

Seleukia Pieria, Reste der antiken Hafenstadt

Kirche auch zu den Gebetszeiten morgens und nachmittags immer geöffnet.

Erwähnenswert ist auch eine in der Altstadt befindliche kleine Synagoge.

Etwa 25 Kilometer südwestlich von Antiochia lag die antike Hafenstadt Seleukia Pieria, von der Paulus zusammen mit seinen Begleitern zur ersten Missionsreise aufbrach. Gegründet um 300 v. Chr. von Seleukos Nikator (358–281 v. Chr.), lebten in der Blütezeit etwa 30 000 Einwohner in der Stadt, die an der Mündung des Orontes auf einem Felsen über dem Meer lag. Reste der antiken Stadt finden sich im Dorf Mağaracik: Ruinen eines Aquäduktes, der alte versandete Hafen und eine Tunnelanlage aus der römischen Kaiserzeit gegen die Hafenversandung.

Seleukia Pieria lag am Fuße des Musa Dagh (Mosesberg), der durch Franz Werfels (1890–1945) Roman „Die 40 Tage des Musa Dagh" berühmt wurde. Von den einst sieben armenischen Dörfern hat sich nur das Dorf Vakifliköyü bis heute als letztes armenisches Dorf der Provinz Hatay erhalten. Die rund 200 Gemeindeglieder haben eine eigene Kirche (S. Asdvadzadzin Ermeni Kilisesi), die mittlerweile vollkommen restauriert ist.

Größte Stadt mit 300 000 Einwohnern und Hafen der Provinz Hatay ist Iskenderun, das historische Alexandrette. Die Stadt, 333 v. Chr. gegründet, ist Sitz des Apostolischen Vikariates Anatolien (Yenişehir Mah. Mithat Paşa Cad. No. 5). Das Vikariat zählt etwa 5000 Katholiken, die von einem Bischof, fünf Priestern und acht Ordensschwestern seelsorgerlich versorgt werden. Neben der Bischofskirche, der Verkündigung an Maria geweiht, existiert auch ein Gästehaus mit Übernachtungsmöglichkeit für Gruppen. In der Stadt gibt es weiterhin eine armenische Kirche (S. Karasun Manuk Ermeni Kilisesi, 52ci Sokak No. 4) und eine Kirche des griechisch-orthodoxen Patriarchats von Antiochien.

ZYPERN
Ein römischer Prokonsul wird Christ

Vom Heiligen Geist ausgesandt, zogen sie nach Seleuzia hinab und segelten von da nach Zypern. Als sie in Salamis angekommen waren, verkündeten sie das Wort Gottes in den Synagogen der Juden. Johannes hatten sie als Helfer bei sich. Sie durchzogen die ganze Insel bis Paphos. Dort trafen sie einen Mann namens Barjesus, einen Zauberer und falschen Propheten, der Jude war und zum Gefolge des Prokonsuls Sergius Paulus, eines verständigen Mannes, gehörte. Dieser ließ Barnabas und Saulus rufen und wünschte, von ihnen das Wort Gottes zu hören. Aber Elymas, der Zauberer ... trat gegen sie auf und wollte den Prokonsul vom Glauben abhalten. Saulus, der auch Paulus heißt, blickte ihn, vom Heiligen Geist erfüllt, an und sagte: Du elender und gerissener Betrüger, du Sohn des Teufels, du Feind aller Gerechtigkeit, willst du nicht endlich aufhören, die geraden Wege des Herrn zu durchkreuzen? Jetzt kommt die Hand des Herrn über dich. Du wirst blind sein und eine Zeitlang die Sonne nicht mehr sehen. ... Als der Prokonsul das alles sah, wurde er gläubig, denn er war betroffen von der Lehre des Herrn. Von Paphos fuhr Paulus mit seinen Begleitern ab und kam nach Perge in Pamphylien.

Apostelgeschichte 13,4-13

Schon etwa 1200 v. Chr. geriet Zypern ins Blickfeld der Großmächte im Mittelmeerraum und damit in deren Abhängigkeit. Die Oberhoheit über die Insel wechselte häufig, bis im Jahre 58 v. Chr. die Römer die Herrschaft übernahmen. Ein großer jüdischer Aufstand 115/16 n. Chr. hatte die Vertreibung aller überlebenden Juden von der Insel zur Folge. Durch die Teilung des Römischen Reiches im Jahre 395 wurde Zypern Bestandteil des Byzantinischen Reiches. Arabische Einfälle setzten der Insel seit dem 7. Jahrhundert schwer zu. Auf dem Weg ins Heilige Land eroberten 1191 die Kreuzfahrer unter dem englischen König Richard Löwenherz (1157–1199) Zypern. Der neue Kreuzfahrerstaat unter der Herrschaft der französischen Dynastie Lusignan konnte sich fast 300 Jahre halten. 1489 übergab die letzte Königin Caterina Cornaro (1454–1510), eine venezianische Patrizierin, die Insel an die Venezianer. Ihnen gelang noch bis 1571 die Verteidigung Zyperns gegen die Türken. Das zerfallende Osmanische Reich trat Zypern 1878 an England ab, das die Insel seinem Kolonialreich eingliederte. Erst 1960 errang Zypern wieder die Unabhängigkeit. Auseinandersetzungen zwischen griechischen und türkischen Zyprioten führten 1974 zur türkischen Invasion. Seitdem ist die Inselrepublik geteilt. Der Süden (etwa 60 Prozent der Insel) ist die international anerkannte Republik Zypern, in der neben orthodoxen Griechen noch kleine armenische und maronitische Minderheiten leben. Im besetzten Norden rief man 1983 die international nicht anerkannte „Türkische Republik Nordzypern" aus, die von muslimischen Türken bewohnt wird.

Paulus hat zusammen mit Barnabas und Johannes wahrscheinlich um 45/46 die erste Missionsreise unternommen, die zunächst nach Zypern führte. Bereits seit dem 3. Jahrhundert v. Chr. gab es jüdische Bewohner auf Zypern, die zumeist aus Alexandria und angrenzenden nordafrikanischen Gebieten zugewandert waren. Zur Zeit des Paulus muss deren Zahl beträchtlich gewesen sein. In Salamis gingen Paulus und Barnabas nach bewährter Art in die Synagogen der Stadt, um zu predigen. Über den Erfolg wird nichts berichtet. Zweite und letzte Station auf der Insel, von der wir wissen, war Paphos. In der Inselhauptstadt wurde Paulus vom römischen Prokonsul Sergius Paulus vorgeladen, hörte sich seine Predigt an und bekehrte sich. Bald darauf verließen Paulus und seine Begleiter die Insel.

BARNABAS

Als Sohn eines jüdischen Gutsbesitzers aus dem Stamm Levi wurde er auf Zypern um die Zeitenwende geboren und erhielt den Namen Joseph. Die Apostel gaben ihm den Beinamen Barnabas.

Barnabas brachte den Aposteln das Geld, das er für den Verkauf seines Ackers bekam, um damit die Jerusalemer Urgemeinde zu unterstützen (Apg 4,36f.). Durch Barnabas bekam Paulus nach der Bekehrung Kontakt mit den Christen in Jerusalem. Beide wirkten gemeinsam in Antiochia und missionierten in Zypern und Kleinasien. Barnabas war Teilnehmer am Apostelkonzil in Jerusalem (Apg 15,2-35). Die weitere Teilnahme des Johannes Markus an den Missionsreisen führte zum Streit mit Paulus, der sich von Barnabas trennte. Barnabas fuhr mit Johannes Markus wieder nach Zypern (Apg 15,39).

Verschiedene Legenden schmücken sein Leben aus. So soll er in Rom gepredigt und den späteren Bischof Clemens von Rom (50–97/101) getauft haben. In Mailand soll er als Bischof gewirkt haben, ebenso aber auch in Salamis auf Zypern. Als er in einer Synagoge in Salamis predigte, steinigten ihn die Juden und er starb als Märtyrer, wahrscheinlich um 57/61. In Zypern entdeckte man Ende des 5. Jahrhunderts seine Gebeine, Barnabas wurde zum Nationalheiligen der Insel erhoben. Besonders verehrten die Zyprioten ihn in Agios Varnavas im heutigen Nordzypern. Seit der Teilung der Insel befindet sich in der 1756 erbauten Klosterkirche ein Ikonenmuseum.

Eine früher apokrypher Brief vom Ende des ersten bzw. Anfang des zweiten Jahrhunderts trägt den Namen des Barnabas. Dargestellt wird er mit den Attributen Matthäus-Evangelium (das er immer bei sich geführt haben soll) und Stein (als Hinweis auf sein Martyrium). Sein Festtag ist in allen Konfessionen der 11. Juni.

SALAMIS

Salamis war zur Zeit des Paulus die größte Stadt auf Zypern. Von ihr ist nur ein ausgedehntes Ruinenfeld, etwa 8 Kilometer nördlich von Famagusta im heutigen Nordzypern gelegen, erhalten geblieben. Nur ein kleiner Teil des Geländes wurde bisher erforscht. Die Gegend war bereits in archaischer und klassischer Zeit besiedelt. Da der Hafen zu verlanden begann, wurde Ende des 4. Jahrhunderts v. Chr. drei Kilometer nördlich eine neue Stadt angelegt. Aus römischer und frühchristlicher Zeit stammen die heute sichtbaren Überreste. Nach zwei Erdbeben ließ Kaiser Constantius II. (337–361) die Stadt neu aufbauen und gab ihr den Namen

Salamis, Säulenreihe der Palästra des Gymnasiums

Constantia. Das weitgehend christianisierte Salamis/Constantia wurde im 4. Jahrhundert Bischofssitz. Von seiner Bedeutung zeugt die Ruine der Epiphanios-Basilika, der größten frühchristlichen Kirche auf Zypern. Durch Arabereinfälle schwer geschädigt verlor die Stadt rasch an Bedeutung. Letzte Siedlungsspuren werden in das 13. Jahrhundert datiert. Famagusta trat die Nachfolge von Salamis an.

Das römische Theater aus der Zeit des Augustus wird auch Paulus gesehen haben. Es entspricht vom Typus den bekannten kleinasiatischen Provinztheatern der Römerzeit. Etwa 17 000 Zuschauer fanden auf 50 Sitzreihen Platz. Nur die untersten Sitzreihen sind restauriert. Ursprünglich war das Theater 20 Meter hoch.

Ein Gymnasium mit Thermen und Palästra, ein offener Hof mit Säulengängen für sportliche Übungen, aus dem zweiten nachchristlichen Jahrhundert ist nördlich des Theaters erhalten. Der Vorgängerbau wurde 76/77 n. Chr. durch ein Erdbeben zerstört. Südwestlich des Theaters findet man noch die Reste einer römischen Badanlage.

PAPHOS

Bereits im 3. Jahrtausend v. Chr. war die Gegend um Paphos besiedelt. Alt-Paphos (heute das Dorf Kouklia) war Mittelpunkt des Aphroditekultes und ein bedeutender Wallfahrtsort der Antike. Der letzte Priesterkönig von Alt-Paphos gründete im 4. Jahrhundert v. Chr. Neu-Paphos. Ein Hafen wurde angelegt, dessen wirtschaftliche Bedeutung in ptolemäischer Zeit beständig anstieg. Durch seine günstige Lage am Meer und den reichen Waldbestand in den Gebirgen des Hinterlandes wurde Paphos Verwaltungszentrum und Hauptstadt der Insel und bald nach 31 v. Chr. auch Sitz des römischen Prokonsuls und Gouverneurs für Zypern. Nach einem Erdbeben im 1. Jahrhundert n. Chr. erlebte Paphos eine zweite große Blüte-

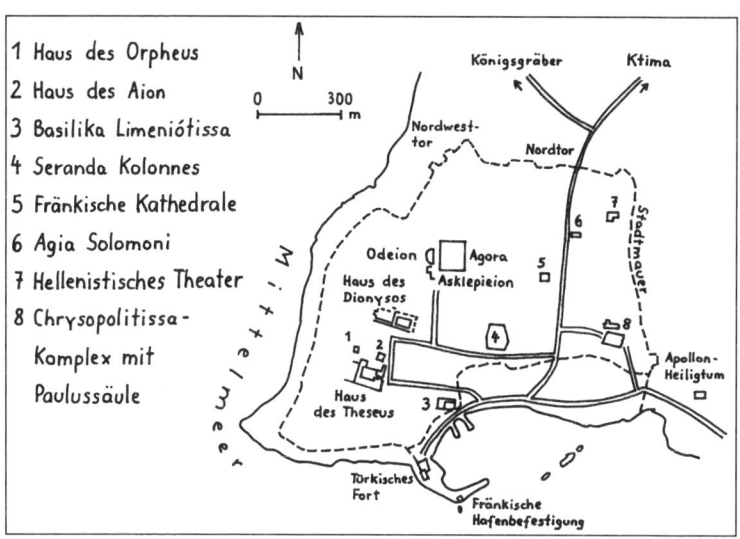

Paphos, Stadtplan

zeit, aus der zahlreiche Zeugnisse erhalten sind. Mit dem Ende der Christenverfolgungen wurde Paphos Bischofssitz und ist es bis heute geblieben. Im 4. Jahrhundert zerstörten Erdbeben die Stadt, die man nicht wieder aufbaute. Der Hafen wurde weiter genutzt und bekam unter der Herrschaft der Kreuzfahrer wieder einige Bedeutung, wie auch die Stadt. In türkischer Zeit legte man oberhalb der Stadt eine neue Siedlung (Ktima) an. Heute prägt Paphos vor allem der Tourismus.

Die Erinnerung an Paulus wird in Paphos am Chrysopolitissa-Komplex wachgehalten. Dieser Komplex besteht aus drei verschiedenen Bauten. Im 4. Jahrhundert wurde eine frühchristliche Basilika erbaut (50 Meter lang, 38 Meter breit), die einst wohl Bischofskirche von Paphos war. Den siebenschiffigen Bau reduzierte man im 6. Jahrhundert auf fünf Schiffe. Bei Ankunft der Kreuzritter war die Kirche bereits Ruine. Reste von Mosaikfußböden lassen auf eine einst reiche Ausstattung schließen.

Nördlich davon bauten Franziskaner im 13. Jahrhundert eine Klosterkirche. Die bauliche Gliederung der im 16. Jahrhundert eingestürzten

Paphos, Kirche Panagia Chrysopolitissa. Im Vordergrund die Ruinen der frühchristlichen Basilika des 4. Jahrhunderts

Paphos, Mosaik im Haus des Dionysos

Kirche ist noch gut zu erkennen. Unmittelbar westlich davor steht ein abgegriffener Säulenschaft, der nach einer Legende mit Paulus in Verbindung gebracht wird. Paulus hatte den jüdischen Zauberer Elymas mit Blindheit geschlagen. Die nichtbiblische Ausschmückung des Geschehens erzählt, dass aufgebrachte Einheimische Paulus ergriffen, an der Säule festgebunden und ausgepeitscht hätten.

Eine dritte Kirche ist die postbyzantinische Kreuzkuppelkirche Agia Kyriaki Chrysopolitissa, erbaut nach 1571 und einst Bischofssitz. Heute hat die orthodoxe Kirche das Gebäude, das sie nur zu besonderen Anlässen nutzt, den Anglikanern zum Gebrauch übergeben. Darüber hinaus genießen die Katholiken hier Gastrecht.

In den letzten Jahrzehnten wurden einige Villen aus der römischen Kaiserzeit ausgegraben. Sie zeichnen sich durch die dabei entdeckten hervorragenden Fußbodenmosaiken aus. Unter dem Haus des Dionysos fand man auch noch Mosaiken eines hellenistischen Vorgängerbaues. Die Mosaiken zeigen, wie auch im Haus des Aion (4. Jahrhundert), Szenen aus der antiken Mythologie. Das Haus des Theseus

aus dem 3. Jahrhundert ist wahrscheinlich der Sitz des römischen Statthalters gewesen. Bereits in der Mitte des 2. Jahrhunderts wurde das Haus des Orpheus zerstört.
Nördlich der Villen haben sich Reste der Agora, des Odeions, des Asklepiostempels und der ehemals mindestens sieben Meter hohen Stadtmauer erhalten.
Bevor man Paphos auf der Apostel-Paulus-Avenue nach Norden Richtung Ktima verlässt, gelangt man zur Höhlenkirche Agia Solomoni. In dieser Grotte befand sich einst eine Synagoge. Solomoni war eine Jüdin, die zusammen mit ihren sieben Söhnen bei der Judenverfolgung des Antiochus IV. Epiphanes (215–164 v. Chr.) grausam ums Leben gekommen sein soll (2 Makk 7). Die orthodoxe Kirche verehrt Solomoni als Heilige (Festtag am 1. August). Von den Fresken des 12. Jahrhunderts, mit denen die Höhlenkirche ausgemalt war, ist fast nichts mehr zu sehen.
Außerhalb der Stadt, zweieinhalb Kilometer in nordwestlicher Richtung, befinden sich die hellenistischen Königsgräber. Der Name täuscht. Tatsächlich wurden hier Vertreter der Beamten- und Oberschicht bestattet.
Jedes Jahr am 29. Juni wird in Paphos ein großer Gottesdienst zu Ehren der Apostel Petrus und Paulus gefeiert, an dem alle zypriotischen Bischöfe teilnehmen.

KLEINASIEN
Kernland des frühen Christentums

PERGE

Von Paphos fuhr Paulus mit seinen Begleitern ab und kam nach Perge in Pamphylien. Johannes aber trennte sich von ihnen und kehrte nach Jerusalem zurück. Sie selbst wanderten von Perge weiter und kamen nach Antiochia in Pisidien.

Apostelgeschichte 13,13f.

Rund 15 Kilometer nordöstlich von Antalya an der Straße nach Alanya liegt in der Nähe des Dorfes Aksu die gewaltige Ruinenstadt Perge. Die Stadt wurde auf einer Anhöhe in der Nähe des Flusses Cestus, der zur Zeit des Paulus noch schiffbar war, angelegt. Durch die Lage des Flusshafens im Landesinneren bot er Schutz vor Piraten. An allen drei Landseiten ist Perge von Hochgebirgen umgeben. Der Name der Stadt ist alt-anatolischer Herkunft und nimmt darauf Bezug: „hoher Ort".

Gegründet wurde Perge wahrscheinlich im 7. Jahrhundert v. Chr. Über die Frühzeit der Stadt ist wenig bekannt. Alexander der Große (356–323 v. Chr.) zog kampflos in die Stadt ein. Bis ins 2. Jahrhundert v. Chr. herrschten die Seleukiden auch über Perge, die Stadt blühte auf. Seit 133 v. Chr. gehörte Perge zum Römischen Reich und wurde später zur Hauptstadt der Provinz Lycia et Pamphylia erhoben. Die meisten der heute sichtbaren Ruinen werden ins 2. und 3. Jahrhundert n. Chr. datiert, erneut blühte die Stadt auf. In byzantinischer Zeit war Perge Sitz eines Metropoliten. Aber schon seit dem 7. Jahrhundert wurde die Stadt nach und nach aufgegeben. Die Bevölkerung siedelte nach Attalia (Antalya) über. Bis heute führt ein griechisch-orthodoxer Metropolit den Titel eines Bischofs von Perge, auch wenn er in Istanbul seinen Sitz hat.

Bereits auf seiner ersten Reise kam Paulus mit dem Schiff in Perge an. Von seinem Besuch berichtet die Apostelgeschichte äußerst knapp. Paulus zog weiter ins Innere Kleinasiens. Auf dem Rückweg kam er erneut nach Perge und predigte (Apg 14,25). Ein weiterer Besuch auf der zweiten Reise, etwa zwei bis drei Jahre später, scheint wahrscheinlich.

Die Anlagen und Gebäude der antiken Stadt sind gut erhalten. Von der Akropolis bietet sich eine hervorragende Aussicht über die Stadt. Hier könnte in der Antike das berühmte Heiligtum der Ar-

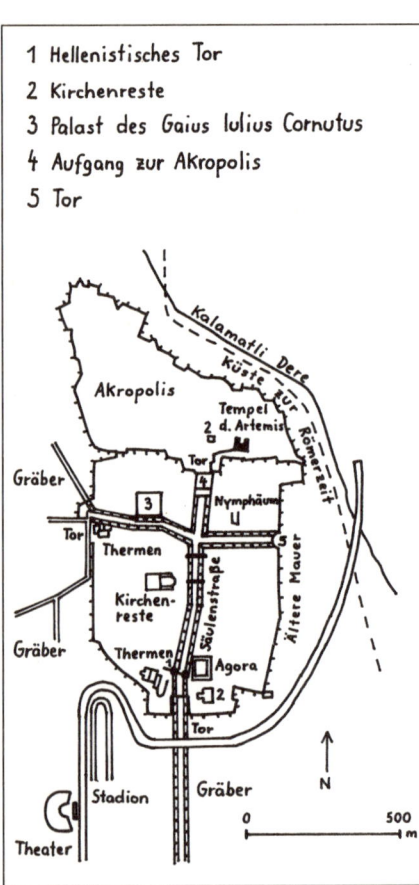

Perge, Stadtplan

temis von Perge gestanden haben. Diese Muttergottheit wurde auf vielen Münzen abgebildet.

Vor den Toren der Stadt befinden sich das Theater aus dem 2. Jahrhundert n. Chr. (12–15 000 Plätze) und die Ausgrabungen des Stadions. Es zählt zu den am besten erhaltenen in Kleinasien und bot ebenfalls etwa 12 000 Personen Platz.

Durch das römische Stadttor (3./4. Jahrhundert n. Chr.) betritt man das Gebiet der antiken Stadt. Gleich hinter dem Tor steht ein weiteres, das hellenistische Stadttor. Es ist das Haupttor der Stadt mit zwei ovalen Türmen. Sicher ist auch Paulus durch dieses Tor aus dem 2. Jahrhundert v. Chr. in die Stadt gekommen. In römischer Zeit wurde es prachtvoll umgestaltet, verschiedene Statuen schmückten die Nischen der Mauern. Heute sind diese Statuen im Museum von Antalya zu sehen.

Perge, Hellenistisches Stadttor

Perge, Nymphäum

Im Bereich zwischen den beiden Toren liegt das monumentale Nymphäum. Ursprünglich war die Fassade dieser Thermenanlage zweigeschossig, aber der obere Teil ist zerstört. Im unteren Teil erkennt man noch fünf Nischen. Vier der dazugehörigen Statuen wurden gefunden. Darunter befand sich auch eine Statue des Kaisers Septimus Severus (193–211). Gegenüber ist die Agora aus dem 2. Jahrhundert n. Chr. ausgegraben worden. Hier stand auch der Rundtempel der Glücksgöttin Tyche.

Von den Stadttoren führt eine 20 Meter breite Kolonnadenstraße gut 500 Meter ins Innere der Stadt hinein, bevor sie nach rechts abbiegt. In der Mitte der Straße sieht man eine Wasserrinne. Sie wurde von einer großen, reich geschmückten Brunnenanlage gespeist. Durch langsam fließendes, kühles Wasser versuchte man, die Sommerhitze erträglicher zu machen. Links und rechts der Prachtstraße muss man sich überdachte Säulenhallen mit Geschäften vorstellen.

Bei den Ausgrabungen fand man auch die Reste zweier Kirchen, darunter die Bischofskirche aus dem 5. Jahrhundert. Eine dritte Kirche befand sich auf der Akropolis.
Im nordwestlichen Bereich der Stadt, unterhalb der Akropolis, befinden sich eine weitere Badanlage – das nördliche Nymphäum –, und der Palast des Gaius Iulius Cornutus.

Perge, Ladenstraße an der Agora

ANTIOCHIA IN PISIDIEN (YALVAÇ)

Sie selbst wanderten von Perge weiter und kamen nach Antiochia in Pisidien. Dort gingen sie am Sabbat in die Synagoge und setzten sich. Nach der Lesung aus dem Gesetz und den Propheten schickten die Synagogenvorsteher zu ihnen und ließen ihnen sagen: Brüder, wenn ihr ein Wort des Trostes für das Volk habt, so redet.
Da stand Paulus auf, gab mit der Hand ein Zeichen und sagte: Ihr Israeliten und ihr Gottesfürchtigen, hört! Der Gott dieses Volkes Israel hat unsere Väter erwählt … Dann verlangten sie einen König, und Gott gab ihnen Saul … Nachdem er ihn verworfen hatte, erhob er David zu ihrem König … Aus seinem Geschlecht hat Gott dem Volk Israel … Jesus als Retter geschickt. …
Brüder, ihr Söhne aus Abrahams Geschlecht und ihr Gottesfürchtigen! Uns wurde das Wort dieses Heils gesandt. …
Als sie hinausgingen, bat man sie, am nächsten Sabbat über diese Worte zu ihnen zu sprechen. Und als die Versammlung sich aufgelöst hatte, schlossen sich viele Juden und fromme Proselyten Paulus und Barnabas an. …
Am folgenden Sabbat versammelte sich fast die ganze Stadt, um das Wort des Herrn zu hören. Als die Juden die Scharen sahen, wurden sie eifersüchtig, widersprachen den Worten des Paulus und stießen Lästerungen aus.
Paulus und Barnabas aber erklärten freimütig: Euch musste das Wort Gottes zuerst verkündet werden. Da ihr es aber zurückstoßt und euch des ewigen Lebens unwürdig zeigt, wenden wir uns jetzt an die Heiden. Denn so hat uns der Herr aufgetragen: Ich habe dich zum Licht für die Völker gemacht, bis an das Ende der Erde sollst du das Heil sein. Als die Heiden das hörten, freuten sie sich und priesen das Wort des Herrn; und alle wurden gläubig, die für das ewige Leben bestimmt waren. Das Wort des Herrn aber verbreitete sich in der ganzen Gegend. Die Juden jedoch hetzten die vornehmen gottesfürchtigen Frauen und die Ersten der Stadt auf, veranlassten eine Verfolgung gegen Paulus und Barnabas und vertrieben sie aus ihrem Gebiet. Diese aber schüttelten gegen sie den Staub von ihren Füßen und zogen nach Ikonion.

Apostelgeschichte 13,14-51

Das ausgedehnte Ruinenfeld des antiken Antiochia in Pisidien liegt heute an der Straße von Konya nach Pamukkale, etwa einen Kilometer nordöstlich der Kreisstadt Yalvaç. In der Nähe liegen die größeren Städte Afyon im Nordwesten und Isparta im Südwesten. Welliges, intensiv durch Ackerbau genutztes Hügelland prägt die Landschaft.

Um 280 v. Chr. gründeten die Seleukiden, Nachfolger Alexanders des Großen (356–323 v. Chr.) in einem Teilreich, Antiochia in Pisidien. Kaiser Augustus (63 v. Chr.–14 n. Chr.) gab der Stadt 25 v. Chr. den Status einer römischen Kolonie und siedelte Veteranen an. Durch die Lage an den römischen Handelswegen bekam Antiochia einige Bedeutung. Ein buntes Völkergemisch hatte sich angesiedelt. Ethnisch und religiös gehörte die Stadt zu Phrygien und wurde 310 zur Hauptstadt der neuen Provinz Pisidien. Im 8. Jahrhundert eroberten und zerstörten die Araber Antiochia, nach und nach gab man die Stadt auf, und sie diente als Steinbruch für den Aufbau des neuzeitlichen Yalvaç.

In der Mitte des 1. Jahrhunderts n. Chr. lebten vielleicht 7000, höchstens aber 10 000 Einwohner in Antiochia. Die jüdische Gemeinde war wohl recht groß. Paulus und Barnabas besuchten auch hier zuerst die Synagoge, in der Paulus predigte. Diese Predigt ist die erste große Rede des Paulus, die uns von Lukas in der Apostelgeschichte überliefert ist. Einige Juden schlossen sich dem Apostel an, von vielen wurde er aber zurückgewiesen. Nun wurde den Heiden Christus verkündigt, auch in den Dörfern der Umgebung fand die neue Lehre Verbreitung. Die Juden hetzten jedoch einflussreiche gottesfürchtige Frauen und andere Bürger der Stadt gegen Paulus und Barnabas auf, die daraufhin aus Antiochia vertrieben wurden. Auf der Rückreise besuchten Paulus und Barnabas die Stadt erneut. Wahrscheinlich ist auch noch ein dritter Besuch des Apostels Paulus.

Eine drei Kilometer lange Stadtmauer mit einer Stärke von 1,5 bis 5,5 Meter umgab die Stadt, die eine Fläche von 47 Hektar einnahm. Das Ruinenfeld ist noch nicht vollständig ausgegraben.

Über die antike Säulenstraße, die am Stadttor beginnt, kommt man zunächst zum Theater, das noch ausgegraben wird. Die Straße führt in einem Tunnel unter einem Teil des Theaters hindurch. Folgt man der Straße weiter, gelangt man zu den Ruinen des Zeus-Tempels am höchsten Punkt der Stadt. In die-

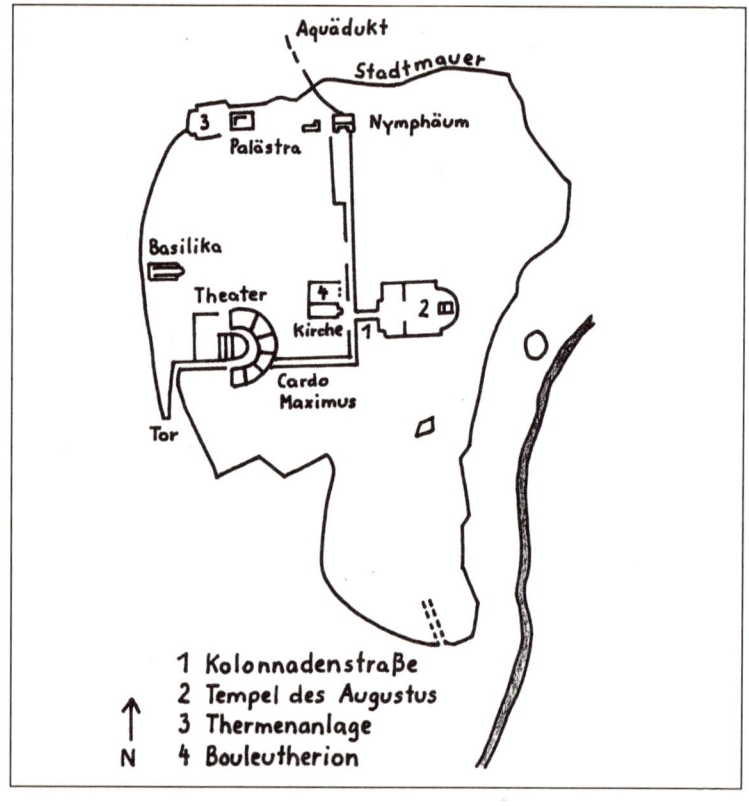

Antiochia in Pisidien, Plan der antiken Stadt

sem Tempel wurde auch Kaiser Augustus verehrt. Paulus und Barnabas haben dieses Wahrzeichen der Stadt noch im Bau begriffen gesehen. Zum Teil wurde der Tempel aus dem anstehenden Felsen herausgehauen. Eine 70 Meter lange Prachtstraße von 11 Metern Breite, die von der Säulenstraße abzweigt, führt zum Tempel. Säulengänge und Läden flankieren die Straße, die in einen Platz mündet. Von dort führen Treppen zum eigentlichen Tempelplatz hinauf.

Im nördlichen Teil, nicht weit von der Stadtmauer entfernt, befanden sich die Bäder. Das gefundene Nymphäum gehört zu den größten römischen Bädern, die sich bis heute erhalten haben. Einst schmückte eine hohe Fassade das Nymphäum. In der Nähe der Bäder wurden die Grundmauern einer Kirche ausgegraben. Zwei weitere in der Stadt entdeckte Kirchen sind zum Teil mit Mosaiken aus dem 4. Jahrhundert ausgeschmückt. Eine der beiden Kirchen errichteten die Christen auf den Grundmauern einer Synagoge. Erhalten haben sich auch noch Reste des Bouleuterions, des Rathauses.

Außerhalb der Stadtmauern, in nördlicher Richtung, sieht man noch 11 Bögen eines Aquäduktes. Es sind die letzten Reste einer ursprünglich 10 Kilometer langen Wasserleitung.

Einige interessante Funde aus dem antiken Antiochia können im Museum der Kreisstadt Yalvaç angesehen werden. Neben einem Taufstein und einer Inschrift, die an Paulus erinnert, sorgte vor allem ein Stein mit der Inschrift „Sergius Paulus" für Aufsehen. Es handelt sich um die Familie des Statthalters von Zypern. Kurz vor seinem Besuch in Antiochia hatte Paulus in Paphos den Statthalter Sergius Paulus getauft. Vielleicht ging Paulus aufgrund seiner Empfehlung nach Antiochia in Pisidien.

Antiochia in Pisidien (Yalvaç), Aquädukt außerhalb der Stadtmauern

55

IKONION (KONYA)

In Ikonion gingen sie ebenfalls in die Synagoge der Juden und redeten in dieser Weise, und eine große Zahl von Juden und Griechen wurde gläubig. Die Juden aber, die sich widersetzten, erregten und erbitterten die Heiden gegen die Brüder. Längere Zeit nun blieben sie dort und predigten freimütig im Vertrauen auf den Herrn; er legte Zeugnis ab für das Wort seiner Gnade, indem er durch die Hände der Apostel Zeichen und Wunder geschehen ließ. Doch das Volk in der Stadt spaltete sich; die einen hielten zu den Juden, die andern zu den Aposteln. Als die Apostel merkten, dass die Heiden und die Juden zusammen mit ihren Führern entschlossen waren, sie zu misshandeln und zu steinigen, flohen sie in die Städte von Lykaonien, Lystra und Derbe, und in deren Umgebung. Dort verkündeten sie das Evangelium.

Apostelgeschichte 14,1-7

In der Steppe des anatolischen Hochlandes, etwa 250 Kilometer südlich von Ankara, liegt Konya, das antike Ikonion, in einer Höhe von knapp 1000 Metern über dem Meer. Bis ins 3. Jahrtausend v. Chr. gehen die Anfänge der Stadt zurück. Im 1. Jahrhundert n. Chr. lebten Griechen und Juden in der blühenden Handelsstadt, die im 4. Jahrhundert zur politischen und kirchlichen Metropole der Landschaft Lykaonien aufstieg. Als die muslimischen Seldschuken im 11. Jahrhundert Anatolien eroberten, wurde Ikonion die Hauptstadt des neuen Reiches. Bis zur Vertreibung der Griechen 1922/23 war die Stadt Sitz eines griechisch-orthodoxen Metropoliten.

Heute leben etwa eine Million Einwohner in der sich rasch entwickelnden Stadt. Die fruchtbare Ebene, die Konya umgibt, wird intensiv landwirtschaftlich genutzt.

Paulus kam mit Barnabas aus Antiochia in Pisidien nach Ikonion. Auch hier besuchten sie zuerst die Synagoge. Nach dem Zeugnis der Apostelgeschichte wirkten sie längere Zeit in der Stadt. Die Botschaft des Paulus führte zu einer Spaltung in der Bevölkerung der Stadt, die von einer Gruppe Juden ausging, die sich gegen die Verkündigung

THEKLA

Besonders in der orthodoxen Kirche wird Thekla bis heute sehr verehrt und trägt die Titel „Erzmärtyrerin" und „Apostelgleiche". Der Überlieferung nach soll sie in Ikonion (Konya) als Tochter reicher Eltern zur Welt gekommen sein. In ihrer Heimatstadt hörte sie die Predigt des Paulus, bekehrte sich und ließ sich von ihm taufen. Mittelalterliche Legenden wissen, dass sie daraufhin ihrem Verlobten die Ehe verweigerte. Dieser zeigte sie beim Statthalter an. Er verurteilte Thekla zum Tod durch Verbrennen. Doch ein Regenguss löschte die Flammen, ein Erdbeben ermöglichte Thekla die Flucht.

Thekla zog Männerkleider an und folgte Paulus nach Antiochia in Pisidien. Hier warb wieder ein junger Mann um Thekla. Sie verweigerte sich erneut und wurde in der Arena wilden Tieren vorgeworfen. Doch eine Löwin beschützte sie und rettete ihr das Leben. Auch weitere Folterungen überstand sie unbeschadet. Schließlich wurde sie freigelassen.

Erneut folgte sie Paulus, der sie aber nach Ikonion zurückschickte. Hier verließ sie Familie, Freunde, Hab und Gut und begründete eine klösterliche Gemeinschaft. Sie selbst predigte auch. Im Alter von 91 Jahren soll sie eines natürlichen Todes gestorben sein. Trotz dieser Überlieferungen wird sie bereits in der Alten Kirche als Märtyrerin verehrt. Die apokryphen Paulusakten, die von Thekla berichten, wurden um 150 niedergeschrieben, die Inhalte aber sind älter. Auch der Kirchenvater Tertullian (um 160-nach 220) berichtet um 200 von ihr und von Frauen, die sich auf Thekla beriefen, um selbst predigen zu dürfen.

Wichtigster Wallfahrtsort war Hagia Thekla (türkisch Ayatekla), südlich des heutigen Silifke. Die 30 Hektar große Anlage bestand aus mehreren Kirchen und Klöstern. Bis ins 14. Jahrhundert währten die Wallfahrten. In Maalula in Syrien gibt es noch heute ein Thekla-Heiligtum und ein griechisch-orthodoxes Nonnenkloster, das ihre Verehrung wach hält.

Dargestellt wird Thekla an einen Pfahl gebunden. Ihre Attribute sind Löwe, Scheiterhaufen, Bären und Schlangen. Oftmals bildete man sie zusammen mit Paulus ab. Gedenktag in der orthodoxen Kirche ist der 24. September. Nur einen Tag früher feierten die Katholiken das Fest der heiligen Thekla. Die Liturgiereform entfernte Thekla allerdings aus Messbuch und Martyrologium als historisch nicht sicher fassbare Person.

---

des Paulus stellten. Ein Teil der Bevölkerung hielt sich zu den Juden, ein anderer Teil folgte den Aposteln. Vor einer drohenden Steinigung flohen Paulus und Barnabas. Es ist anzunehmen, dass sie auch in der Umgebung der Stadt gepredigt haben.

Auf der Rückreise haben Paulus und Barnabas auch in Ikonion einen zweiten Besuch gemacht. Ein weiterer Aufenthalt auf der zweiten Reise des Paulus scheint wahrscheinlich.

Ikonion war auch die Heimat der Thekla, die in der orthodoxen Kirche als apostelgleich verehrt wird. Paulus hat sie nach der Legende in Ikonion kennen gelernt.

Die moderne Stadt Konya steht auf den Ruinen des antiken Ikonion, das unausgegraben unter dem Alâeddin-Hügel in der heutigen Stadtmitte liegt. Auf dem Hügel befindet sich eine Moschee des 12./13. Jahrhunderts.

Nicht weit entfernt vom Alâeddin-Hügel befindet sich die St. Pauls-Kirche (Mimar Muzaffer Cad. No. 32 – Ordu Evi Karşisi), die von italienischen Nonnen genutzt wird. Ein Bild von Thekla mit der zahmen Löwin erinnert an die reiche christliche Geschichte der Stadt. Die kleine Kirche ist heute das einzige christliche Zeugnis in Konya.

In der Nähe Konyas, vom Stadtzentrum etwa 10 Kilometer in nord-

Konya, Blick über die Stadt

westlicher Richtung, liegt das Dorf Sille. Die etwa 1800 Einwohner zählende Ortschaft hatte bis 1922 eine große griechisch-orthodoxe Gemeinde. Sehr gut erhalten ist die alte Pfarrkirche Hagia Helena, der Mutter Kaiser Konstantins des Großen geweiht. Schlicht wirkt das Äußere der Kirche, die Ausmalung aus dem 19. Jahrhundert befindet sich in einem guten Zustand. Der Bau zählt zu den ältesten byzantinischen Kirchen Kleinasiens.

LYSTRA

In Lystra war ein Mann, der von Geburt an gelähmt war; er saß ohne Kraft in den Füßen da und hatte nie gehen können. Er hörte der Predigt des Paulus zu. Dieser blickte ihm fest ins Auge; und da er sah, dass der Mann darauf vertraute, gerettet zu werden, rief er laut: Steht auf! Stell dich aufrecht auf deine Füße! Da sprang der Mann auf und ging umher. Als die Menge sah, was Paulus getan hatte, fing sie an zu schreien und rief auf Lykaonisch: Die Götter sind in Menschengestalt zu uns herabgestiegen. Und sie nannten den Barnabas Zeus, den Paulus aber Hermes, weil er der Wortführer war. Der Priester des „Zeus vor der Stadt" brachte Stiere und Kränze an die Tore und wollte zusammen mit der Volksmenge ein Opfer darbringen. Als die Apostel Barnabas und Paulus davon hörten, zerrissen sie ihre Kleider, sprangen unter das Volk und riefen: Männer, was tut ihr? Auch wir sind nur Menschen, von gleicher Art wie ihr; wir bringen euch das Evangelium, damit ihr euch von diesen nichtigen Götzen zu dem lebendigen Gott bekehrt, der den Himmel, die Erde und das Meer geschaffen hat und alles, was dazugehört. Er ließ in den vergangenen Zeiten alle Völker ihre Wege gehen. Und doch hat er sich nicht unbezeugt gelassen: Er tat Gutes, gab euch vom Himmel her Regen und fruchtbare Zeiten; mit Nahrung und mit Freude erfüllte er euer Herz. Doch selbst mit diesen Worten konnten sie die Volksmenge kaum davon abbringen, ihnen zu opfern.
Von Antiochia und Ikonion aber kamen Juden und überredeten die Volksmenge. Und sie steinigten den Paulus und schleiften ihn zur Stadt hinaus, in der Meinung, er sei tot. Als aber die Jünger ihn umringten, stand er auf und ging in die Stadt.
Apostelgeschichte 14,8-20

Er (Paulus) kam auch nach Derbe und nach Lystra. Dort war ein Jünger namens Timotheus, der Sohn einer gläubig gewordenen Jüdin und eines Griechen. Er war Paulus von den Brüdern in Lystra und Ikonion empfohlen worden. Paulus wollte ihn als Begleiter mitnehmen und ließ ihn mit Rücksicht auf die Juden, die in jenen Gegenden wohnten, beschneiden.

Apostelgeschichte 16,1-3

Lystra wurde bis heute nicht ausgegraben. Es liegt rund 35 Kilometer südlich von Konya in der Nähe des Dorfes Hatunsaray. Auf dem Hügel Zoldera, 1,5 Kilometer nordwestlich des Dorfes, wurden ein paar spärliche Funde gemacht.

Im Jahre 6 v. Chr. siedelte Kaiser Augustus (63 v. Chr.–14 n. Chr.) zum Schutz vor Stämmen aus dem Taurus-Gebirge römische Veteranen an. Vielleicht dachte Paulus an diese Stämme, die das Land unsicher machten, als er den Korinthern schrieb, sein Leben sei auch durch Räuber gefährdet gewesen (2 Kor 11,26).

Die Stadt hatte viel unter den Einfällen der Araber zu leiden. Trotzdem spielte sie noch bis zum 12. Jahrhundert eine Rolle in der Kirchengeschichte. Wahrscheinlich zerstörte der Mongolenfürst Timur Lenk (1336–1405) im Jahre 1402 Lystra endgültig. Danach geriet die Stadt in Vergessenheit, ist aber bis heute noch Titelsitz eines griechisch-orthodoxen Metropoliten.

Paulus war mit Barnabas aus Ikonion nach Lystra geflohen. Die Apostelgeschichte erzählt nichts von einem Besuch in einer Synagoge. Wahrscheinlich lebten in dieser Gegend Lykaoniens nur sehr wenige Juden. Vielleicht hat Paulus auf dem Markt oder einem anderen öffentlichen Platz gepredigt. Ein seit seiner Geburt gehbehinderter oder gelähmter Mann hörte die Predigt des Paulus, wurde von ihr ergriffen und schließlich geheilt. Das versetzte die Bevölkerung, die das Geschehen mit ansah, in Ekstase. Sie hielten Barnabas für den Göttervater Zeus und Paulus für Hermes, den Götterboten, da er das Wort führte. Nur mit Mühe gelang es den beiden, das Volk zu beruhigen.

Lukas berichtet von Juden aus Antiochia und Ikonion, die die Einwohner Lystras gegen Paulus aufwiegelten. Sie schleiften Paulus vor die Stadt und steinigten ihn, aber er überlebte diesen Anschlag. Am nächsten Tag verließ er mit Barnabas die Stadt und zog nach Derbe weiter.

> **TIMOTHEUS**
>
> Timotheus wurde als Sohn eines griechischen Vaters und einer jüdischen Mutter in Lystra geboren. Wahrscheinlich war die Familie nicht sehr gläubig, denn Timotheus wurde nicht beschnitten.
> Zu Beginn seiner zweiten Missionsreise kam Paulus nach Lystra und wählte Timotheus zu seinem Reisebegleiter, da er in der Gemeinde einen guten Leumund besaß. Aus Rücksicht auf die Juden hat er Timotheus beschnitten. Timotheus wurde einer der wichtigsten Mitarbeiter des Paulus. Er war für die Verkündigung des Evangeliums in Beröa, Athen, Thessaloniki, Korinth, Mazedonien und Ephesus tätig. Auch bei der letzten Reise des Apostels nach Jerusalem war er dabei (Apg 20,4).
> Paulus schätzte Timotheus sehr: *Ich habe keinen Gleichgesinnten, der so aufrichtig um eure Sache besorgt ist; denn alle suchen ihren Vorteil, nicht die Sache Jesu Christi. Ihr wisst ja, wie er sich bewährt hat: Wie ein Kind dem Vater – so hat er mit mir zusammen dem Evangelium gedient. (Phil 2,20-22).*
> In einigen Paulusbriefen wird Timotheus als Mitabsender erwähnt, zwei Briefe des Paulus sind an ihn gerichtet. Der erste Timotheusbrief (1,3) und Eusebius von Cäsarea (260/64-337/40) bezeugen einen weiteren Aufenthalt in Ephesus. Die kirchliche Überlieferung kennt Timotheus als ersten Bischof von Ephesus und berichtet von seinem Martyrium, wohl um das Jahr 97.
> In der westlichen Tradition ist sein Festtag der 26. Januar, die Ostkirche gedenkt seiner am 4. oder 22. Januar. Dargestellt wird er meist mit Keule und Stein.

Auf der Rückreise besuchten Paulus und Barnabas erneut Lystra. Auf seiner zweiten Missionsreise kam Paulus, diesmal mit Silas, noch einmal in die Stadt. Sie lernten hier Timotheus kennen (Apg 16,1).

Im Jahre 1885 entdeckte man auf dem Hügel Zoldera den Altarstein, der heute im Museum in Konya zu sehen ist. Anhand der Inschrift gelang die Lokalisierung von Lystra. Damals waren auch noch heute nicht mehr vorhandene Gebäudereste sichtbar. Antike Steine sind in den älteren Häusern des Dorfes Hatunsaray eingemauert. Sie stammen sicherlich aus den Ruinen der nahe gelegenen Stadt Lystra. Auf einem Dorfplatz sind noch ein paar weiter Steine aufgestellt worden.

DERBE

Am anderen Tag zog er mit Barnabas nach Derbe weiter. Als sie dieser Stadt das Evangelium verkündet und viele Jünger gewonnen hatten, kehrten sie nach Lystra, Ikonion und Antiochia zurück. Sie sprachen den Jüngern Mut zu und ermahnten sie, treu am Glauben festzuhalten.

Apostelgeschichte 14,20-22

Derbe war in der Antike ein wichtiges Zentrum im Norden des Taurusgebirges. In frühchristlicher Zeit wurde die Stadt Bischofssitz. Arabereinfälle im 7. Jahrhundert fügten Derbe und seiner Umgebung schweren Schaden zu. Die Stadt verlor an Bedeutung, wurde aber noch bis ins 9. Jahrhundert urkundlich erwähnt. Erst die Mongolen unter Timur Lenk (1336–1405) zerstörten Derbe endgültig. Der Name lebt heute noch in einem griechisch-orthodoxen Titularbistum fort.

Nach dem Mordversuch in Lystra kam Paulus mit Barnabas nach Derbe. Lukas erwähnt Derbe in seiner Apostelgeschichte nur äußerst knapp. Auch bei der zweiten Reise, auf der Paulus die Stadt erneut besuchte, spielt sie für Lukas keine Rolle (Apg 16,1). Auf der dritten Missionsreise begleitete ein Gajus aus Derbe Paulus auf dem Weg von Griechenland über Mazedonien nach Troas (Apg 20,4).

Die Lokalisierung von Derbe gelang im Jahre 1957. Damals wurde auf einem Hügel ein Stein entdeckt, dessen Inschrift diese Deutung zuließ. Der Hügel liegt etwa 20 Kilometer nordöstlich von Karaman bei Ekinözü, ein Kilometer nördlich der Ortschaft. Ganz in der Nähe führt die Hauptstraße nach Ereğli vorbei.

Aber ein Besuch dieses Hügels ist enttäuschend. Bis heute wurden keine Ausgrabungen vorgenommen. Der Hügel ist etwa 450 Meter lang und 250 Meter breit. Hier vermutet man das Zentrum der antiken Stadt Derbe. Nicht weit entfernt davon wurde ein zweiter Stein gefunden, der ins 4.–6. Jahrhundert datiert wird. Er trägt die Inschrift: „Hier ruht Michael, der von Gott geliebte Bischof von Derbe."

Lohnend ist ein Abstecher in die Berglandschaft des Karadağ, nördlich von Karaman gelegen. Karadağ heißt „Schwarzer Berg". Bei dem Dorf Kilbasan, 40 Kilometer von Karaman entfernt, befinden sich fast 50 Kirchenruinen. Die Kirchen und Klöster wurden zwischen dem 4. und 10. Jahrhundert errichtet. Sie zeugen von der Bedeutung der Gegend für die Kirche.

ATTALIA (ANTALYA)

Nachdem sie durch Pisidien gezogen waren, kamen sie nach Pamphylien, verkündeten in Perge das Wort und gingen dann nach Attalia hinab. Von dort fuhren sie mit dem Schiff nach Antiochia ...

Apostelgeschichte 14,24-26

König Attalos II. (220–138 v. Chr.), Herrscher des hellenistischen Reiches von Pergamon, gründete im 2. Jahrhundert v. Chr. (wahrscheinlich 158 v. Chr.) die nach ihm benannte Stadt. Attalia nahm den Platz von Side als Haupthafen für das gesamte Gebiet ein und wurde 133 v. Chr. von den Römern erobert.

Der frühchristliche Bischofssitz lebt noch in unserer Zeit als griechisch-orthodoxes Titularbistum fort. Heute ist Antalya ein bedeutendes Tourismuszentrum an der Mittelmeerküste, in dem ca. 600 000 Einwohner leben.

Auf dem Rückweg von Ikonion fuhr Paulus mit dem Schiff von Attalia zurück nach Antiochia, dem Ausgangspunkt der ersten Missionsreise. Das ist die einzige Erwähnung Attalias in der Bibel. Von einem missionarischen Wirken des

Antalya, Stadtansicht mit Moschee

Paulus berichtet die Apostelgeschichte nichts.

Zur Zeit des Paulus lebten etwa 6000 bis 8000 Einwohner in Attalia. Aus dieser Zeit gibt es heute fast nichts mehr zu sehen. Nur wenige Spuren sind noch zu finden.

Die Ruine der seldschukischen Moschee des Ala-ud-din Kaikubad I. aus dem 13. Jahrhundert war ursprünglich eine byzantinische Basilika. Diese wurde im 7. Jahrhundert mit wieder verwendeten Baumaterialien des 2. Jahrhunderts erbaut. Aber auch bei der Großen Moschee und der Kesik Minare-Moschee handelt es sich um alte byzantinische Kirchen.

Im Osten wird die Altstadt von einer hellenistisch-römischen Stadtmauer begrenzt. Ein größerer Teil ist noch erhalten, teilweise aber verbaut und schwer erkennbar. Anlässlich eines Besuches des Kaisers Hadrian 130 n. Chr. wurde das Hadrianstor errichtet.

Im Archäologischen Museum der Stadt sind Sarkophage aus Perge ausgestellt. Ein weiterer Sarkophag enthält Knochen, die dem hl. Nikolaus zugeschrieben werden.

EPHESUS

Sie gelangten (von Kenchreä) *nach Ephesus. Dort trennte er sich von den beiden* (Priszilla und Aquila); *er selbst ging in die Synagoge und redete zu den Juden. Sie baten ihn, noch länger zu bleiben; aber er wollte nicht, sondern verabschiedete sich und sagte: Ich werde wieder zu euch kommen, wenn Gott es will. So fuhr er von Ephesus ab.*

Apostelgeschichte 18,19-21

Er ging in die Synagoge und lehrte drei Monate lang freimütig und suchte sie vom Reich Gottes zu überzeugen. Da aber einige verstockt waren, sich widersetzten und vor allen Leuten den (neuen) Weg verspotteten, trennte er sich mit den Jüngern von ihnen und unterwies sie täglich im Lehrsaal des Tyrannus. Das geschah zwei Jahre lang; auf diese Weise hörten alle Bewohner der Provinz Asien, Juden wie Griechen, das Wort des Herrn.

Apostelgeschichte 19,8-10

Um jene Zeit aber wurde der (neue) Weg Anlass zu einem schweren Aufruhr. Denn ein Silberschmied namens Demetrius, der silberne Artemistempel herstellte und den Künstlern viel zu verdienen gab, rief diese und die anderen damit beschäftigten Arbeiter zusammen und sagte: ... Nun seht und hört ihr, dass dieser Paulus nicht nur in Ephesus, sondern fast in der ganzen Provinz Asien viele Leute verführt und aufgehetzt hat mit seiner Behauptung, die mit Händen gemachten Götter seien keine Götter. So kommt nicht nur unser Geschäft in Verruf, sondern auch dem Heiligtum der großen Göttin Artemis droht Gefahr, nichts mehr zu gelten, ja sie selbst ... wird ihre Hoheit verlieren. Als sie das hörten, wurden sie wütend und schrien: Groß ist die Artemis von Ephesus!; ... alles stürmte ins Theater, und sie schleppten die Mazedonier Gaius und Aristarch, Reisegefährten des Paulus, mit sich.

Als aber Paulus in die Volksversammlung gehen wollte, hielten ihn die Jünger zurück. Auch einige hohe Beamte der Provinz, die mit ihm befreundet waren, schickten zu ihm und rieten ihm, nicht ins Theater zu gehen.

Dort schrien die einen dies, die andern das; ... Die Juden schickten Alexander nach vorn ... Doch als sie merkten, dass er ein Jude war, schrien sie alle fast zwei Stunden lang wie aus einem Mund: Groß ist die Artemis von Ephesus! Der Stadtschreiber aber brachte die Menge zur Ruhe und sagte: ... Ihr habt diese Männer hergeschleppt, die weder Tempelräuber noch Lästerer unserer Göttin sind. Wenn also Demetrius und seine Zunftgenossen eine Klage gegen irgend jemand haben, so gibt es dafür Gerichtstage und Prokonsuln; dort mögen sie einander verklagen. ... Sonst sind wir in Gefahr, dass man uns nach dem heutigen Vorfall des Aufruhrs anklagt, weil kein Grund vorliegt, mit dem wir diesen Volksauflauf rechtfertigen könnten. Nach diesen Worten löste er die Versammlung auf.

Nachdem der Tumult sich gelegt hatte, rief Paulus die Jünger zusammen und sprach ihnen Mut zu. Dann verabschiedete er sich und ging weg, um nach Mazedonien zu reisen.

Apostelgeschichte 19,23-40; 20,1

Die antike Metropole Ephesus liegt etwa 75 Kilometer südlich der türkischen Hafenstadt Izmir. Man findet die Ausgrabungen in der Nähe der modernen Stadt Selçuk. Griechen gründeten hier spätestens im 10. Jahrhundert v. Chr. eine Kolonie, doch die Gegend war damals bereits besiedelt. Eine erste Blütezeit erlebte Ephesus im 6. Jahrhundert v. Chr. Mehrfach musste die Stadt verlegt werden, letztmals im

65

4. Jahrhundert v. Chr. an die Stelle der heutigen Ruinenstadt. Um 190 v. Chr. kam Ephesus unter römische Herrschaft, Kaiser Augustus (63 v. Chr.–14 n. Chr.) machte es zur Provinzhauptstadt Asiens und zum Sitz eines Prokonsuls.

In der Mitte des 1. Jahrhunderts lebten rund 200 000 Einwohner in Ephesus. Berühmt war die medizinische Akademie, in der Ärzte ausgebildet wurden. Die Stadt erlebte das dritte ökumenische Konzil im Jahr 431, auf dem die Verehrung Marias als Gottesmutter definiert wurde. An Maria erinnert ihr angebliches Wohnhaus. Auch der Evangelist Johannes soll in Ephesus gelebt haben. Diese Tradition bezeugte erstmals der Kirchenvater Irenäus von Lyon (135–202), der aus Smyrna kam. Im 6. Jahrhundert begann der Bau der monumentalen Johannesbasilika nordöstlich der hellenistisch-römischen Stadt. Die Kirche wurde Zentrum des neuen Ephesus. Aber durch die Versandung des Hafens erlebte die Stadt in byzantinischer Zeit einen erheblichen Bedeutungsrückgang. Ende des 11. Jahrhunderts eroberten die Seldschuken Ephesus.

Der Name Ephesus lebt heute fort als Titelsitz eines griechisch-orthodoxen Metropoliten des Ökumenischen Patriarchates von Konstantinopel.

Ephesus, Blick über die Stadt zur Celsus-Bibliothek

Paulus wollte bereits während der zweiten Missionsreise nach Ephesus kommen, doch dieses Vorhaben verwehrte ihm der Heilige Geist. Erst auf der Rückreise von Korinth nach Syrien suchte er die Stadt auf. Sein erster Besuch war nur kurz. Wenig später kehrte der Apostel in die Stadt zurück. Zunächst predigte er drei Monate in der Synagoge, danach im Lehrsaal des Tyrannus (Apg 19,8-10). Paulus wird hier nach Art und Weise antiker Rhetoriker gelehrt und unterwiesen haben. Von Ephesus strahlte die neue Lehre auch in die Umgebung aus. Vielleicht geschahen von hier die Gemeindegründungen in Smyrna, Laodizea, Hierapolis und Kolossä.

Ephesus wurde der wichtigste Stützpunkt des Paulus in der Provinz Asien. Er schrieb hier wahrscheinlich die beiden Korintherbriefe, den Philipperbrief und den Brief an Philemon. Man nimmt an, dass Paulus in Ephesus eine Zeitlang eingesperrt war und diese Briefe im Gefängnis verfasst hat.

Der Aufenthalt des Paulus in Ephesus wird plastisch beschrieben. Lukas hat den Lokalkolorit der Stadt besonders gut eingefangen. Durch die Predigten des Apostels gegen das Heidentum erlitten die Silberschmiede bedeutende Einkommensverluste. Sie hetzen die Massen auf, die ins Theater liefen. Ein lebhafter Tumult entstand. Gaius und Aristarch, zwei Reisebegleiter des Paulus, wurden mitgeschleppt. Seine Freunde hinderten Paulus daran, ins Theater zu gehen. Erst nach über zwei Stunden Spektakel gelang es dem Stadtschreiber, die Menge zu beruhigen. Worauf es Lukas in seiner Erzählung besonders ankam: Paulus triumphiert gerade in Ephesus über die weit verbreitete Magie und Zauberei. Die Stadt hatte in der Antike den Ruf, Heimstatt der Zauberer und Magier zu sein.

Auf der Rückreise von seinem zweiten Aufenthalt in Griechenland segelte Paulus an Ephesus vorbei. Er ließ die Ältesten der Gemeinde in das nahe gelegene Milet kommen, um sich von ihnen zu verabschieden.

Timotheus, den Paulus in Ephesus zurückließ (1 Tim 1,3), soll nach frühchristlicher Überlieferung 40 Jahre Bischof von Ephesus gewesen sein. Im Jahre 96 starb er den Märtyrertod durch Steinigung. Die Bedeutung der jungen Gemeinde in Ephesus wird auch dadurch belegt, dass eines der sieben Sendschreiben der Apokalypse des Johannes an sie gerichtet ist.

In Ephesus gab es eine große jüdische Gemeinde. Die jüdischen Bewohner baten mehrfach um die Bestätigung ihrer Privilegien (Befreiung vom Militärdienst, Sammlung für den Tempel in Jerusalem, Einhalten des Sabbatgebotes, Freiheit der Religionsausübung), die sie auch erhielten. Archäologen fanden zwei Grabinschriften für einen Priester und einen Arzt sowie auch mehrere Darstellungen des siebenarmigen Leuchters. In vielen Fällen hatten Juden das römische Bürgerrecht.

Eine riesige Stadtmauer, die sich auch über die Steilhänge im Süden und Osten hinzog, umgab die Stadt. Sie ist noch in großen Teilen

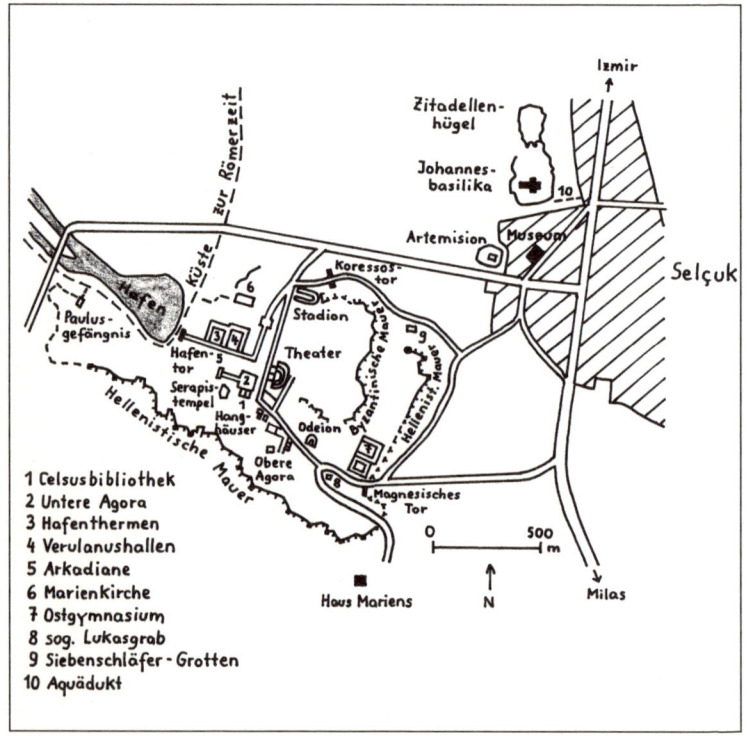

1 Celsusbibliothek
2 Untere Agora
3 Hafenthermen
4 Verulanushallen
5 Arkadiane
6 Marienkirche
7 Ostgymnasium
8 sog. Lukasgrab
9 Siebenschläfer-Grotten
10 Aquädukt

Ephesus, Stadtplan

erhalten. Man betritt das Gelände, die eindrucksvollste archäologische Ausgrabungsstätte in der Türkei, von Norden. Gleich rechts befinden sich die Ruinen der Marienkirche, in der sich die Bischöfe zum dritten ökumenischen Konzil im Jahr 431 versammelten. Die dreischiffige Halle wurde im 4. Jahrhundert in eine Säulenbasilika hineingebaut. Reste des Mosaikfußbodens sind zu sehen.

Auf der linken Seite findet man die Ausgrabungen des Theatergymnasiums, das Theater schließt sich an. In einem der größten Theater Kleinasiens fanden auf 66 Rängen rund 25 000 Menschen Platz. Die heute sichtbare Anlage geht auf ein Modernisierungsprojekt Ende des 1./Anfang des 2. Jahrhunderts zurück. In Höhe des Theaters beginnt die marmorgepflasterte Hafenstraße („Arkadiane"). Sie führt in westlicher Richtung zum in der Antike nur 500 Meter entfernten Hafen. Die 11 Meter breite Straße wurde in der Nacht beleuchtet. Zu beiden Seiten säumten Säulenreihen, die dem Handel dienten, die Straße. Schon Paulus wird diese Straße benutzt haben, wenn auch die jetzige Pflasterung erst in die Zeit um 400 n. Chr. zurückgeht. Rechts der Straße sieht man die Ruinen des Hafengymnasiums und der Hafenthermen.

Ephesus, Theater

Ephesus, Celsus-Bibliothek

Ephesus, Markttor

Nicht weit von Theater und Hafenstraße befindet sich der untere Markt (Agora), auf dem man mit Lebensmitteln handelte. Hier spielte sich das Geschäftsleben der Stadt ab. Den großen, quadratischen Platz umgaben Säulenhallen, hinter denen Läden lagen. Über eine Marmorstraße gelangt man bis zur Celsus-Bibliothek, dem Wahrzeichen von Ephesus. Paulus hat sie noch nicht sehen können. Errichtet wurde die Bibliothek etwa 120 n. Chr. Sie erhielt den Namen ihres Stifters, des römischen Prokonsuls Tiberius Iulius Celsus Polemaeanus (ca. 45–vor 120). Schätzungsweise 12 000 Pergamente und Papyri, die aufbewahrt werden konnten, machten den Ruhm dieser Bücherei aus. Österreichischen Archäologen gelang 1970–78 der fast vollständige Wiederaufbau der Fassade. Ganz in der Nähe befindet sich ein später zur Kirche umgebautes Heiligtum des ägyptischen Gottes Serapis, zu dem eine Treppe von der Agora hinaufführt.

Links und rechts der Kuretenstraße, die nach Osten führt, finden sich weitere Ausgrabungsstätten. Ihren Namen erhielt die Straße von den Kureten, einer höheren Priesterschaft des antiken Ephesus. Genannt seien das Peristylhaus mit einem von Säulen umgebenen Innenhof (Peristylium), die Scholastikiathermen (4. Jahrhundert) und

Ephesus, Kuretenstraße

der Hadrianstempel (Fassade aus der 1. Hälfte des 2. Jahrhunderts). Interessant ist auch das ausgedehnte Ausgrabungsgebiet der Hanghäuser. In dieser früheren Villenanlage, in bevorzugter Lage im Stadtzentrum gelegen, waren die Wohnhäuser ausgestattet mit Marmor und prächtigen Mosaiken. Mehr als 600 Jahre lang wurden die mehrfach umgebauten Häuser bewohnt. Beim Hanghaus 1 fand man einen Fisch und ein Christusmonogramm, eingeritzt in eine Stufe.

Zu nennen sind weiterhin das Trajansnymphäum (114 n. Chr.), das Memmius-Monument und der an den aufgerichteten Säulen erkennbare Domitian-Tempel. Die Verlängerung der Kuretenstraße führt bis zum oberen Markt (Agora), dem früheren Machtzentrum der Stadt mit dem Rathausviertel. Reste eines Brunnens, eines Bades, eines Tempels und einer Basilika sind noch zu sehen.

Etwas abseits der Ausgrabungen findet man oberhalb des versandeten Hafens die Überreste eines Wachturmes. In der Tradition wird dieser Teil der hellenistischen Stadtmauer als „Gefängnis des Paulus" angesehen.

Den besten Blick über die gesamte Stadtanlage, von der bis heute ungefähr fünf Prozent freigelegt worden sind, hat man von den oberen Sitzreihen des Theaters.

In der näheren Umgebung des historischen Mauerrings gibt es weitere Sehenswürdigkeiten. Auf dem Bülbül Dağı, dem Nachtigallen-

Ephesus, Marienhaus

berg, entdeckte man in einem in den Felsen führenden Stollen eine antike Darstellung des Paulus. Zu sehen ist ein bärtiger Paulus, neben ihm Thekla und eine weitere, zornige Frau. Es handelt sich hier um das wohl älteste christliche Bild Kleinasiens.

Links von der von Selçuk zum Marienhaus führenden Straße liegen das so genannte Grab des Lukas und die Ruinen einer Basilika des 4. Jahrhunderts über einem antiken Rundbau. Nach einer Vision der westfälischen Augustinernonne Anna Katharina Emmerick (1774–1824) fand man bei Ausgrabungen im 19. Jahrhundert das auch von Muslimen verehrte angebliche Wohn- und Sterbehaus der Jungfrau Maria. Heute betreuen es Kapuziner und Franziskaner-Schwestern von der Unbefleckten Empfängnis.

Zwischen Ephesus und Selçuk befindet sich die Grotte der Siebenschläfer. Auf einem Hügel oberhalb von Selçuk kann man die Ausgrabungen der Johannesbasilika besichtigen. Seit dem 2. Jahrhundert wird dort das Grab des Evangelisten Johannes verehrt.

Südlich der Johannesbasilika, zwischen Selçuk und einer Straße gelegen, befand sich einst der berühmte Tempel der Artemis, der zu den

Ephesus, Siebenschläfer-Grotte

sieben Weltwundern der Antike zählte. Heute ist davon kaum noch ein Stein zu sehen. Der Tempel stand auf sumpfigem Untergrund, nicht weit vom Fluss Kaistros (Küçük Menderes), und war nach Westen, zum Meer und zur untergehenden Sonne hin, ausgerichtet. Wie in griechischen Tempeln üblich befand sich die Statue der Artemis im Inneren des Heiligtums. Sie bestand gänzlich aus Marmor.

Baubeginn des Tempels war im 7. Jahrhundert v. Chr. Verschiedene Tempelbauten folgten aufeinander.

Durch Brandstiftung wurde das Artemision 356 v. Chr. zerstört. Der Neubau erfolgte durch den Architekten Cheirokrates in den alten Dimensionen. Die gesamte Anlage maß 55 x 110 Meter. Doppelreihen 25 Meter hoher Säulen stützten das mit prachtvollen Friesen gedeckte Dach. Im Britischen Museum in London sind beachtliche Überreste der Reliefbasen erhalten. Nach dem verheerenden Goteneinfall des Jahres 263 wurde die Ruine abgetragen, die Reste verwendete man zur Kalkherstellung.

Fundstücke der Ausgrabungen aus Ephesus können im Museum von Selçuk besichtigt werden. Zu sehen sind Büsten und Statuen, Teile des Domitian-Altars, Figuren und Friese sowie ein Wandgemälde.

ALEXANDRIA TROAS (ODUN ISKELESI)

Nach den Tagen der Ungesäuerten Brote segelten wir von Philippi ab und kamen in fünf Tagen zu ihnen nach Troas, wo wir uns sieben Tage aufhielten.
Als wir am ersten Wochentag versammelt waren, um das Brot zu brechen, redete Paulus zu ihnen, denn er wollte am folgenden Tag abreisen; und er dehnte seine Rede bis Mitternacht aus. In dem Obergemach, in dem wir versammelt waren, brannten viele Lampen. Ein junger Mann namens Eutychus saß im offenen Fenster und sank, als die Predigt des Paulus sich länger hinzog, in tiefen Schlaf. Und er fiel im Schlaf aus dem dritten Stock hinunter; als man ihn aufhob, war er tot. Paulus lief hinab, warf sich über ihn, umfasste ihn und sagte: Beunruhigt euch nicht: Er lebt! Dann stieg er wieder hinauf, brach das Brot und aß und redete mit ihnen bis zum Morgengrauen. So verließ er sie.

Apostelgeschichte 20,6-11

Die verstreuten Ruinen von Troas liegen direkt am Ägäischen Meer bei Yükyeri Iskelesi. Heute trägt die Ruinenstätte den Namen Alexandria Troas zur Unterscheidung von der sie umgebenden Landschaft, die ebenfalls Troas heißt. Gegründet wurde die Stadt 310 v. Chr. rund 25 Kilometer südlich des antiken Troja. Aufgrund des sicheren Hafens erlangte Troas große Bedeutung. Schiffe verbanden die Region mit europäischen Häfen und dem östlichen Mittelmeerraum. Durch die Nähe Konstantinopels verlor Troas in byzantinischer Zeit rasch an Bedeutung, die Ruinen dienten nun als Steinbruch für die Hauptstadt. Bis heute kündet ein griechisch-orthodoxes Titularbistum von der einstigen Bedeutung der Stadt und ihrer christlichen Gemeinde.

Auf der zweiten Missionsreise kam Paulus mit seinen Begleitern nach Troas. Aber die Stadt war zunächst nur eine kurze Zwischenstation auf dem von Gott gewiesenen Weg nach Europa. Vermutlich ist der Apostel auf seiner dritten Reise, die ihn von Ephesus erneut nach Griechenland führte, wieder in Troas gewesen (Apg 20,2f.; 2 Kor 2,12f.). Bei seiner Rückkehr aus Griechenland wird ein einwöchiger Aufenthalt in Troas ausdrücklich erwähnt. Am ersten Tag der Woche versammelte sich die Gemeinde, um das Abendmahl zu feiern. Die Predigt des Paulus zog sich lange hin. Ein junger Mann schlief darüber ein und stürzte aus dem Fenster. Doch der Apostel erweckte den Toten wieder zum Leben, und die Gemeinde blieb noch bis in die frühen Morgenstunden beieinander. Paulus setzte den Weg von Troas nach Assos allein zu Fuß fort.

Zwischen 110 und 115 legte das Schiff, das Ignatius von Antiochien (35–110/117) nach Rom brachte, in

Alexandria Troas, Blick über die Ruinen

Troas an. Er wurde von den Christen der Stadt begrüßt und soll hier einige seiner Briefe geschrieben haben.

Heute ist das ausgedehnte Ruinenfeld von Troas weitgehend überwachsen. Reste der Stadtmauern, des Theaters und des Stadions sind sichtbar. Die Ruinen der Thermen befinden sich an einer Straße, die Richtung Assos führt. Im Jahr 2005 wurde das Rundtor der mehr als acht Kilometer langen Stadtmauer freigelegt. Es gilt als das Haupteingangstor der Stadt.

ASSOS (BEHRAMKALE)

Wir gingen voraus zum Schiff und fuhren nach Assos, wo wir Paulus an Bord nehmen sollten; so hatte er es angeordnet, weil er selbst zu Fuß gehen wollte. Als er in Assos zu uns stieß, nahmen wir ihn an Bord und erreichten Mitylene.
Apostelgeschichte 20,13f.

Assos liegt auf einem etwa 230 Meter hohen Hügel direkt am Meer bei dem Dorf Behramkale. Das Gebiet wurde bereits in der Bronzezeit besiedelt. Zu einer Stadtgründung kam es im 7. Jahrhundert v. Chr. Mehrfach wechselte die politische Zugehörigkeit, bevor die Stadt 133 v. Chr. unter römische Herrschaft kam. In byzantinischer Zeit residierte ein Bischof in Assos. Noch heute lebt die Diözese in Form eines griechisch-orthodoxen Titularbistums fort. Bis 1306 verteidigten die Griechen Assos gegen die Türken.

Paulus lief zu Fuß von Troas nach Assos. Sicher hat auch er die Stadt durch das bis heute sichtbare Westtor betreten. Über eine Missionstätigkeit in Assos ist nichts überliefert. Wahrscheinlich reiste er sehr bald weiter.
Berichte über eine christliche Gemeinde gibt es erst im 4. Jahrhundert. Eine byzantinische Kirche wurde in ein nicht mehr benötigtes Gymnasium eingebaut.

Vom Hügel hat man einen hervorragenden Blick auf den Hafen und die Stadtanlage. Gut erhalten sind die mächtigen, mit Türmen und

Assos, Athena-Tempel über der Stadt

Toren versehen, drei Kilometer langen Stadtmauern. Sie entstanden in vielen Bauphasen vom 3. Jahrhundert v. Chr. bis in die byzantinische Zeit. Noch immer nutzen Bauern auf dem Weg zu ihren Feldern die antike Straße, die von Troas in die Stadt führte.

Hoch oben über dem Meer thront der dorische Athena-Tempel, etwa um 530/20 v. Chr. errichtet. Die Anlage wurde rekonstruiert, die Fassade kann im Archäologischen Museum in Istanbul besichtigt werden. In der Stadt sind auch die Agora, das Rathaus (Bouleuterion), das Gymnasium, ein Theater und römische Thermen sehenswert. Außerhalb der Mauern befindet sich eine bedeutende Nekropole mit Grabbauten und Sarkophagen.

MILET

Von Milet aus schickte er jemand nach Ephesus und ließ die Ältesten der Gemeinde zu sich rufen. Als sie bei ihm eingetroffen waren, sagte er: Ihr wisst, wie ich vom ersten Tag an, seit ich die Provinz Asien betreten habe, die ganze Zeit in eurer Mitte war und wie ich dem Herrn in aller Demut diente unter Tränen und vielen Prüfungen ...
Nach diesen Worten kniete er nieder und betete mit ihnen allen. Und alle brachen in lautes Weinen aus, fielen Paulus um den Hals und küssten ihn; am meisten schmerzte sie sein Wort, sie würden ihn nicht mehr von Angesicht sehen. Dann begleiteten sie ihn zum Schiff.

Apostelgeschichte 20,17-38

Milet liegt ca. 50 Kilometer südlich von Ephesus, in der Nähe von Akköy. Besiedelt wurde die Gegend wohl zwischen 1600 und 1200 v. Chr. In der Antike war Milet ein Kulturzentrum ersten Ranges, gleichzeitig aber auch eine führende Seehandelsmetropole. Die ehemals vier Häfen der Stadt an der Flussmündung des Mäanders (Büyük Menderes) sind seit dem Mittelalter verlandet. Milet liegt heute 10 Kilometer vom Meer entfernt. Große Teile des Ausgrabungsgeländes sind in einer Schwemmlandschaft versunken.

Vom 8. bis zum 6. Jahrhundert v. Chr. war Milet die größte griechische Stadt. Diese Blütezeit endete 494 v. Chr. mit der Zerstörung durch die Perser. Streng rasterförmig wurde die Stadt wiederaufgebaut, erlangte aber nie mehr ihre alte Bedeutung zurück. Zusammen mit dem Pergamenischen Reich fiel die Stadt 133 v. Chr. an die Römer. Fortan stand sie im Schatten der Provinzhauptstadt Ephesus.

In byzantinischer Zeit wurde Milet Bischofssitz. Bis 1955 bestand auf dem Gebiet der antiken Stadt noch ein Dorf, das aber nach einem Erdbeben verlegt wurde. Heute trägt ein griechisch-orthodoxer Bischof den Titel eines Metropoliten von Milet.

Paulus ging auf der dritten Missionsreise in Milet an Land. Er bat die Ältesten der Gemeinde Ephesus zu sich. Von ihnen verabschiedete er sich mit ergreifenden Worten (Apg 20,17-38). Diese Predigt ist die einzige der ganzen Apostelgeschichte, die Paulus an Christen richtete. Sie hat den Charakter eines Testaments.

Durch die Lage Milets im Überschwemmungsgebiet des Mäander gestalten sich die Ausgrabungsarbeiten schwierig. Sehr gut erhalten ist das Theater des Kaisers Trajan (98–117), das 25 000 Zuschauern Platz bot. Zu sehen ist das ehemalige Marktviertel mit einer restaurierten ionischen Halle. Früher waren hier 19 Geschäfte untergebracht. Auch Juden zählten zu den Einwohnern Milets, daran erinnern die Reste einer Synagoge. Von zwei Kirchen und den Faustina-Thermen hat man die Grundmauern freigelegt. Ein kleines Museum zeigt die Fundstücke der Ausgrabungen.

Milet, Theater

MYRA (DEMRE)

Wir fuhren durch das Meer von Zilizien und Pamphylien und erreichten Myra in Lyzien. Dort fand der Hauptmann ein alexandrinisches Schiff, das nach Italien fuhr, und er brachte uns an Bord.
Apostelgeschichte 27,5f.

Seit dem 6. Jahrhundert v. Chr. gehörte Myra zu den größten Städten Lykiens. Der Artemis-Tempel der Stadt war ein bedeutendes Heiligtum, das beim Erdbeben des Jahres 141 zerstört wurde. In byzantinischer Zeit wurde Myra, schon vor 300 Bischofssitz, Hauptstadt der Provinz Lykien. Nach der Plünderung beim Arabereinfall des Jahres 809 verlor die Stadt rasch an Bedeutung. Im Lauf der Jahrhunderte versank Myra im Schlamm und Geröll des Demre-Flusses. Zwischen 1965 und 1968 wurde ein kleiner Teil der Ruinen ausgegraben.

Tomatenplantagen umgeben Myra, das zwei Autostunden südwestlich von Antalya liegt. Auf der Seereise nach Rom wechselte Paulus in Myra das Schiff im Hafen Andriake, etwa fünf Kilometer von Myra entfernt. In der Geschichte sind beide Orte nicht voneinander zu trennen.

Myra, Nikolauskirche,
Hl. Nikolaus (Fresko)

Von Missionstätigkeit des Paulus in Myra ist nichts überliefert, aber sie ist auch nicht ausgeschlossen. Eine einzelne Handschrift der Apostelgeschichte erwähnt, das Paulus auf seiner Seereise nach Cäsarea in Myra umgestiegen ist (Apg 21,1f.). Um 200 muss es in Myra bereits eine bedeutende christliche Gemeinde gegeben haben. Der Schreiber der apokryphen Paulus-Akten berichtet von einer Begegnung des Paulus mit Thekla in der Stadt.

Im 4. Jahrhundert war Nikolaus Bischof von Myra. Bald nach seinem Tod wurde er in der orthodoxen Kirche hochverehrt. Nicht als Glaubensstreiter oder Märtyrer, aber als Helfer der Armen und Retter der Unschuldigen. Zahlreiche Legenden ranken sich um sein Leben. Kaufleute aus Bari raubten 1087 die Reliquien des Heiligen und brachten sie nach Italien. Der Nikolaus-Kult breitete sich im ganzen Abendland aus und ist bis heute lebendig. Nikolaus ist Schutzpatron von Griechenland und Russland. Auch Seeleute, Kaufleute, Gelehrte und vor allem Kinder sind ihm anvertraut.

Das römische Theater der Stadt wurde nach der Zerstörung durch das Erdbeben des Jahres 141 sehr prächtig wiederaufgebaut, finanziert durch Spenden. Auf dem Weg zum Theater sind gut erhaltene Teile eines Frieses mit Masken zu

Myra, Theaterfries

Myra, Felsengräber

sehen, die zum Bühnenhaus des Theaters gehörten. Hinter dem Theater erhebt sich, gleichsam als eindrucksvolle Kulisse, eine Felswand mit zahlreichen Grabnischen. Ungeheure Typenvielfalt und reiche Bildersprache zeichnen die Gräber aus. Es handelt sich um das am besten erhaltene Beispiel lykischer Grabarchitektur. Die meisten Gräber, oft durch beeindruckende Reliefs verziert, wurden im 4. Jahrhundert v. Chr. angelegt. Die Nikolaus-Kirche liegt mitten in der Stadt. Sie ist kein einheitlicher Komplex. Einige Bauabschnitte stammen noch aus dem 6. Jahrhundert, der größte Teil der Kirche wurde im 8. Jahrhundert errichtet. Schlecht erhalten sind die Fresken in der vierschiffigen Basilika. Der Sarkophag enthielt wahrscheinlich die Gebeine eines anderen Heiligen. Am 6. Dezember 2007 durfte der griechisch-orthodoxe Patriarch von Konstantinopel in der Kirche wieder einmal die Göttliche Liturgie zelebrieren. Jedes Jahr wird vom Patriarchat dazu ein Antrag gestellt, zuvor wurde 2002 ein Gottesdienst erlaubt. Im heute verlandeten Hafen Andriake ist das alte Granarium sehenswert. Dabei handelt es sich um einen Kornspeicher, der etwa 6000 Kubikmeter Getreide fasste.

EXKURS: SMYRNA – PERGAMON – KOLOSSÄ – GALATIEN

Die christlichen Gemeinden in Smyrna und Pergamon müssen Gründungen des 1. Jahrhunderts sein, da sie in der Offenbarung des Johannes genannt werden (Offb 2,8-11 und 2,12-17). Wahrscheinlich hat Paulus die beiden Städte während seines Aufenthaltes in Ephesus besucht. Das alte Smyrna sank 1922 nach der Eroberung durch die Türken in Schutt und Asche. In Pergamon können noch umfangreiche Ausgrabungen (Theater, Tempel) besichtigt werden. Allerdings befindet sich das bedeutendste Fundstück, der Pergamon-Altar, im Pergamon-Museum in Berlin.

Kolossä gehörte mit Hierapolis und Laodizea zum antiken Städtedreieck am Fluss Lykos, im südwestlichen Teil der Landschaft Phrygien gelegen. Als Paulus oder einer seiner Schüler den Brief an die Kolosser schrieb, war die Blütezeit der Stadt im 5. Jahrhundert v. Chr. bereits Geschichte. Die ehemals blühende und volkreiche Stadt war zu einem „Städtchen" herabgesunken, das um 700 endgültig aufgegeben wurde.

Pergamon, Das antike Gymnasium

Die Gründung der Gemeinde fällt wohl auch hier in die Zeit, als Paulus in Ephesus weilte. Offenbar kannte er die Gemeinde nicht (Kol 2,1), die er demzufolge auch nicht selbst gründete.

Von Kolossä ist der etwa 250 Meter lange und 150 Meter breite Stadthügel zu sehen. Allerdings sind bis heute keine Ausgrabungen vorgenommen worden. Lediglich Reste von Mauern und Säulen sind sichtbar. Am Ufer des Flusses Lykos fand man die Ruinen einer Kirche. Der obere Teil des Hügels ist wahrscheinlich die Akropolis der Stadt gewesen.

Keltische Volksstämme, die im 3. Jahrhundert v. Chr. aus Mitteleuropa nach Zentralanatolien einwanderten, gaben der Landschaft Galatien ihren Namen. Kaiser Augustus (63 v. Chr.–14 n. Chr.) schuf 25 v. Chr. die neue Provinz Galatien, die bis an das Schwarze Meer reichte. Ancyra, das heutige Ankara, wurde Provinzhauptstadt.

Auf allen drei Missionsreisen hat Paulus das Innere Anatoliens aufgesucht. Allerdings sind weder in der Apostelgeschichte des Lukas noch in den Briefen des Paulus Einzelheiten zu den Reiserouten beschrieben. Auch die Frage, wer die Empfänger des Galaterbriefes sind, ist nicht eindeutig zu klären. Gemeint sein könnten die bei der ersten Reise gegründeten Gemeinden im Süden der Provinz (Ikonion, Lystra, Derbe, Antiochia in Pisidien). Wenn aber die Landschaft Galatien gemeint ist, dann muss es im Norden der Provinz mit dem Zentrum Ancyra ebenfalls christliche Gemeinden gegeben haben. Lange hat man vermutet, eine eventuelle Mission des Apostels im Kernland der Galater hätte wenig erreicht. Aber in Boğazkale, der einstigen Hauptstadt Hattuscha des Hethiterreiches, fand man sehr alte christliche Grabsteine. Sie belegen schon für die frühe Kirche ein reges christliches Gemeindeleben. Der Ort liegt etwa 150 Kilometer östlich von Ankara.

GRIECHENLAND
Das Evangelium kommt nach Europa

Weil ihnen aber vom Heiligen Geist verwehrt wurde, das Wort in der Provinz Asien zu verkünden, reisten sie durch Phrygien und das galatische Land. Sie zogen an Mysien entlang und versuchten, Bithynien zu erreichen; doch auch das erlaubte ihnen der Geist Jesu nicht. So durchwanderten sie Mysien und kamen nach Troas hinab. Dort hatte Paulus in der Nacht eine Vision. Ein Mazedonier stand da und bat ihn: Komm herüber nach Mazedonien und hilf uns! Auf diese Vision hin wollten wir sofort nach Mazedonien abfahren; denn wir waren überzeugt, dass uns Gott dazu berufen hatte, dort das Evangelium zu verkünden.

Apostelgeschichte 16,6-10

Es war wohl nicht die ursprüngliche Absicht des Apostels und seiner Begleiter Silas und Timotheus, auch in Europa zu missionieren. Die Vision des Paulus in Troas, einer bedeutenden kleinasiatischen Hafenstadt der Ägäis mit regem Fährverkehr nach Europa, änderte ihre Pläne. Damit erreichte die christliche Mission die griechisch-römische Welt, die sich von den bisherigen Schauplätzen Judäa, Syrien oder Kleinasien stark unterschied. Paulus wandte sich nun verstärkt an die Heiden (Apg 18,6).

NEAPOLIS (KAVALLA)

So brachen wir von Troas auf und fuhren auf dem kürzesten Weg nach Samothrake und am folgenden Tag nach Neapolis.

Apostelgeschichte 16,11

Das antike Neapolis trägt heute den Namen Kavalla und ist etwa 2 500 Jahre alt. Nach Thessaloniki ist Kavalla mit etwa 60 000 Einwohnern die zweitgrößte Stadt Makedoniens und Sitz des griechisch-orthodoxen Metropoliten von Philippi, Neapolis und Thassos.

Gegründet wurde Kavalla wahrscheinlich im 7. Jahrhundert v. Chr. Die Via Egnatia, sie war eine der wichtigen Fernstraßen des Römischen Reiches, führte durch die Stadt. Auch Paulus nutzte diese wichtigste und kürzeste Verbindungsstraße zwischen Adria und Ägäis. Die Paulusbucht und eine Paulus-Gedenkstelle, nicht weit von der Kirche Agiou Nikolaou, können besichtigt werden. Nach mehr als 500jähriger türkischer Herrschaft fiel Kavalla erst 1913 wieder an Griechenland. Die Altstadt mit ihrem orientalischen Flair wird zu den schönsten in Griechenland gezählt.

PHILIPPI

... Am Sabbat gingen wir durch das Stadttor hinaus an den Fluss, wo wir eine Gebetsstätte vermuteten. Wir setzten uns und sprachen zu den Frauen, die sich eingefunden hatten. Eine Frau namens Lydia, eine Purpurhändlerin aus der Stadt Thyatira, hörte zu; sie war eine Gottesfürchtige, und der Herr öffnete ihr das Herz, sodass sie den Worten des Paulus aufmerksam lauschte. Als sie und alle, die zu ihrem Haus gehörten, getauft waren, bat sie: Wenn ihr überzeugt seid, dass ich fest an den Herrn glaube, kommt in mein Haus und bleibt da. ...
Als wir einmal auf dem Weg zur Gebetsstätte waren, begegnete uns eine Magd, die einen Wahrsagegeist hatte und mit der Wahrsagerei ihren Herren großen

Gewinn einbrachte. Sie lief Paulus und uns nach und schrie: Diese Menschen sind Diener des höchsten Gottes; sie verkünden euch den Weg des Heils. ... Da wurde Paulus ärgerlich, wandte sich um und sagte zu dem Geist: Ich befehle dir im Namen Jesu Christi: Verlass diese Frau! Und im gleichen Augenblick verließ er sie. Als aber ihre Herren sahen, dass sie keinen Gewinn mehr erwarten konnten, ergriffen sie Paulus und Silas, schleppten sie auf den Markt vor die Stadtbehörden ... und sagten: Diese Männer bringen Unruhe in unsere Stadt. ... Da erhob sich das Volk gegen sie, und die obersten Beamten ließen ihnen die Kleider vom Leib reißen und befahlen, sie mit Ruten zu schlagen. Sie ließen ihnen viele Schläge geben und sie ins Gefängnis bringen; dem Gefängniswärter befahlen sie, sie in sicherem Gewahrsam zu halten. ... Um Mitternacht beteten Paulus und Silas und sangen Loblieder .... Plötzlich begann ein gewaltiges Erdbeben ... Mit einem Schlag sprangen die Türen auf, und allen fielen die Fesseln ab. Als der Gefängniswärter aufwachte und alle Türen des Gefängnisses offen sah, zog er sein Schwert, um sich zu töten; denn er meinte, die Gefangenen seien entflohen. Da rief Paulus laut: Tu dir nichts an! Wir sind alle noch da. Jener rief nach Licht, stürzte hinein und fiel Paulus und Silas zitternd zu Füßen. Er führte sie hinaus und sagte: Ihr Herren, was muss ich tun, um gerettet zu werden? Sie antworteten: Glaube an Jesus, den Herrn, und du wirst gerettet werden, du und dein Haus. Und sie verkündeten ihm und allen in seinem Haus das Wort Gottes. Er ... ließ sich sogleich mit allen seinen Angehörigen taufen. Dann führte er sie in seine Wohnung hinauf ... und war mit seinem ganzen Haus voll Freude, weil er zum Glauben an Gott gekommen war.

Als es Tag wurde, schickten die obersten Beamten die Amtsdiener und ließen sagen: Lass jene Männer frei! ... Paulus aber sagte zu ihnen: Sie haben uns ohne Urteil öffentlich auspeitschen lassen, obgleich wir römische Bürger sind, und haben uns ins Gefängnis geworfen. Und jetzt möchten sie uns heimlich fortschicken? Nein! Sie sollen selbst kommen und uns hinausführen. Die Amtsdiener meldeten es den obersten Beamten. Diese erschraken, als sie hörten, es seien römische Bürger. Und sie kamen, um sie zu beschwichtigen, führten sie hinaus und baten sie, die Stadt zu verlassen. Vom Gefängnis aus gingen die beiden zu Lydia. Dort fanden sie die Brüder, sprachen ihnen Mut zu und zogen dann weiter.

Apostelgeschichte 16,12-40

Philippi, Löwendenkmal. Das Denkmal erinnert an die Schlacht bei Philippi 42 v. Chr., in der Augustus und Antonius über Brutus und Cassius, die Mörder Caesars, siegten.

Philippi wurde 356 v. Chr. von dem makedonischen König Philipp II. (um 382–336 v. Chr.) erobert und erhielt seinen Namen. Hier besiegte Augustus (63 v. Chr.–14 n. Chr.) im Jahre 42 v. Chr. die Armee der Caesarmörder. Danach wandelte er die Stadt in eine römische Kolonie mit dem Namen Colonia Iulia Augusta Philippensis um und siedelte ausgediente Soldaten an. Philippi bekam den doppelten Charakter einer Veteranen- und Bürgerkolonie. So entstand im griechischen Umfeld eine Stadt, in der die Menschen lateinisch sprachen und auf römische Art und Weise lebten.

Heute sind von der einst bedeutenden Stadt, die im 2. Jahrhundert n. Chr. ihre größte Blüte erreichte und im 4. Jahrhundert Bischofssitz wurde, nur mehr Ruinen erhalten. Im 6./7. Jahrhundert beginnt der Verfall der Stadt. Immer wieder belagerten und eroberten Slawen und Bulgaren Philippi, ehe es im 10. Jahrhundert zur Festung ausgebaut wurde. Nach der Eroberung durch die Türken kurz vor 1400 verließen die Bewohner ihre Stadt.

Mit seinen Begleitern verließ Paulus Neapolis und wanderte auf der Via Egnatia in westlicher Richtung bis nach Philippi, etwa einen halben Tagesmarsch entfernt (rund 15 Kilometer). Damals lebten die Einwohner von Handel, Handwerk und Landwirtschaft. Durch den nahen Hafen und die Via Egnatia hatte die Stadt als Handelszentrum ideale Voraussetzungen. Der hier angebaute und gekelterte Wein war in der Antike sehr beliebt. Zahlreiche Inschriften und Baureste bezeugen neben der römischen

Religion vor allem einheimische thrakische, aber auch orientalische und ägyptische Kulte. Nur eine bescheidene Rolle spielten hier die griechischen Götter.

Mit der Gründung der Gemeinde in Philippi legte Paulus den Grundstein für die Ausbreitung des Christentums in Europa. Die Gemeinde wurde die Lieblingsgemeinde des Apostels. Schreibt er doch: *Es ist nur recht, dass ich so über euch alle denke, weil ich euch ins Herz geschlossen habe. ... Gott ist mein Zeuge, wie ich mich nach euch allen sehne mit der herzlichen Liebe, die Christus Jesus zu euch hat* (Phil 1,7f.). Paulus, der durch Arbeit seinen Lebensunterhalt auf seinen Reisen verdiente, hat nur von dieser Gemeinde Unterstützung angenommen (Phil 4,15f.).

Philippi, Die Via Egnatia bei Philippi

Über den Aufenthalt in Philippi berichtet die Apostelgeschichte sehr ausführlich. Paulus verließ mit seinen Begleitern die Stadt am Sabbat auf der Suche nach einem jüdischen Gebetsplatz. Offenbar verfügte die jüdische Gemeinde in Philippi über keine eigene Synagoge. Sie war demnach wohl sehr klein. Es scheint, dass sich nur Frauen zum Gebet einfanden. Eine von ihnen, eine Gottesfürchtige mit Namen Lydia, ließ sich mit ihren Kindern und Sklaven taufen. Lydia kam aus der kleinasiatischen Stadt Thyatira und war Purpurhändlerin. Purpurfärber aus dieser Stadt sind in Philippi auch durch Inschriften nachgewiesen. Lydia wurde die erste Christin Europas und besonders in der griechisch-orthodoxen Kirche bis heute verehrt. Seit 1972 gilt sie als den Aposteln gleichgestellt.

Die so gut begonnene Missionsarbeit wurde problematisch, als eine Wahrsagerin Paulus mehrfach bedrängte. Sie schrie immer wieder: *Diese Menschen sind Diener des höchsten Gottes; sie verkünden euch den Weg des Heils* (Apg 16,17). Der Apostel

LYDIA

Die Apostelgeschichte ist die einzige Quelle, die über Lydia berichtet. Zweimal wird sie erwähnt (Apg 16,14. 40). Sie arbeitete als Purpurhändlerin. Purpur war in der Antike ein sehr teurer Farbstoff. Nur die kaiserliche Familie und wenige hohe Persönlichkeiten durften purpurfarbene Gewänder tragen.

Lydia kam aus Thyatira in Kleinasien, dem heutigen Akhisar in der Türkei. An die christliche Gemeinde dieser Stadt ist eines der sieben Sendschreiben aus der Offenbarung des Johannes (Offb 2,18-29) gerichtet. Der Name Lydia bedeutet „Frau aus Lydien".

Als erste Person auf dem europäischen Kontinent nahm Lydia zusammen mit ihrem Haus bzw. ihrer Familie das Christentum an. Sie nötigte Paulus und seinen Begleiter Silas, bei ihr zu wohnen. Bei Lydia zu Hause versammelte sich auch die erste Christengemeinde der Stadt.

Im Philipperbrief erwähnt Paulus die besondere finanzielle Hilfe durch die Gemeinde in Philippi, die ebenfalls Lydia zugerechnet wird. Ihr wird eine herausragende Stellung zwischen Gemeindeleiterin und Mäzenin beigemessen. Sie starb vermutlich Ende des 1. Jahrhunderts in Philippi.

Sowohl in der katholischen als auch in der orthodoxen Kirche wird Lydia als Heilige verehrt. In beiden Traditionen ist der 20. Mai ihr Gedenktag. Sie gilt als die Patronin der Färber.

---

trieb den Geist aus und verdarb dem Besitzer der weissagenden Sklavin dadurch ein einträgliches Geschäft. Paulus und Silas wurden auf das Forum geschleppt und dort angeklagt, jüdische Sitten und Gebräuche in Philippi einzuführen. Nur hier waren es Römer, die gegen Paulus vorgingen. Sonst sind es immer Juden gewesen, von denen die Schwierigkeiten ausgingen. Ohne Gerichtsverfahren wurden Paulus und Silas geschlagen und ins Gefängnis gesperrt. Doch in der Nacht, während beide beteten und sangen, erschütterte ein Erdbeben die Stadt und öffnete die Türen des Gefängnisses. Paulus verhinderte den Selbstmord des Wärters, der nach römischem Recht mit seinem Leben für die sichere Verwahrung der Gefangenen haftete, und taufte ihn mit seinen Angehörigen. Die Gemeinde in Philippi wuchs.

Am nächsten Tag sollen die Gefangenen freigelassen werden, aber sie verlangen von den Stadtoberen eine Entschuldigung, da sie als römische Bürger zu Unrecht eingesperrt wurden. Paulus und Silas waren wieder frei, sie kehrten in das Haus der Lydia zurück und verließen die Stadt Richtung Thessaloniki. Wahrscheinlich hat Paulus noch zweimal die Stadt während seiner dritten Missionsreise besucht (Apg 20,1-3).

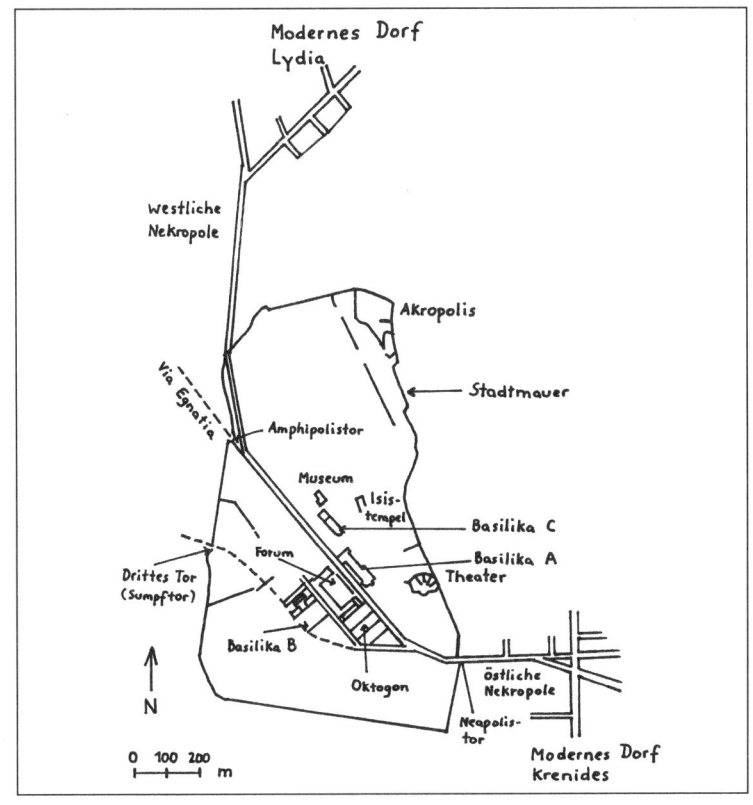

Philippi, Plan der antiken Stadt

Im zweiten Brief des Bischofs Polykarp von Smyrna (um 69–um 155) an die Philipper ist von der apostolischen Gründung und dem hohen Ansehen der Kirche in Philippi die Rede (Kapitel 9 und 11). Der Brief wurde vermutlich im ersten Drittel des 2. Jahrhunderts geschrieben.

Anfang des 20. Jahrhunderts begann man damit, das antike Philippi auszugraben. Aus der Mitte des ersten nachchristlichen Jahrhunderts, der Zeit des Paulus, ist nur wenig erhalten. Hauptachse der Stadt war wohl die Via Egnatia, die sich von West nach Ost durch das

Philippi, Theater

Stadtgebiet zog. Auf sie hin waren alle anderen Straßen in rechtwinkligem Muster ausgerichtet.

Im ersten Jahrhundert dürften die Stadtmauern und das Theater vorhanden gewesen sein. Das Mauerwerk des Theaters macht den Bau in den ersten Jahren der makedonischen Kolonie wahrscheinlich. Trotz späterer Umbauten ist es ein griechisches Theater geblieben. Die Akropolis, im 4. Jahrhundert v. Chr. angelegt, wurde mehrfach umgebaut und verstärkt. Über Vorgängerbauten errichtete man um die Mitte des 1. Jahrhunderts n. Chr. das Forum und erweiterte es später großzügig. Unterschiedlichste Gebäude umstanden einen zentralen Platz von 50 x

Philippi, Basilika B. Diese Kirche wurde im 6. Jahrhundert errichtet. Bei einem Erdbeben stürzte die Kuppel ein, daraufhin wurde der Bau eingestellt.

100 Meter Ausmaß, der mit Marmor gepflastert war. Die Nordwest- und Nordostecke wurde von zwei Tempeln eingenommen. An den Seiten faßten Säulenhallen das Forum ein. Das kleine römische Bad südöstlich des Forums existierte schon zur Zeit des Apostels.

Von der christlichen Geschichte der Stadt zeugen drei Basiliken, das Oktogon, das Baptisterium und der Bischofspalast (4.–6. Jahrhundert). An der Südecke des Atriums der Basilika A, eine der größten frühchristlichen Kirchenanlagen Griechenlands, befindet sich das „Gefängnis" des Paulus. Rechts neben dem Treppenaufgang wurde über einer römischen Zisterne eine kleine Kapelle errichtet, die man nach der Zerstörung der Basilika (wohl um 550) nutzte. Heute ist nur noch ein kleiner, von Holzbalken abgestützter Raum erhalten. Nicht mehr vorhandene Wandmalereien zeigten Christus und die Taufe des Gefängniswärters. Aus diesem Grund hat man hier das Gefängnis des Apostels vermutet. Die nicht überlieferten Weihenamen führten zu den Bezeichnungen A, B und C für die Basiliken.

Östlich des Forums, im Nordosten durch die Via Egnatia begrenzt, wurde eine Kombination von Kirche, Baptisterium, Bischofspalast, Verwaltungs- und Lagerräumen ergraben.

Philippi, Taufkirche beim Dorf Lydia in der Nähe der vermuteten Taufstelle

Vorher befand sich hier ein römisches Bad. Am auffälligsten ist das Oktogon, an der Wende vom 4. zum 5. Jahrhundert errichtet. Sehr interessant ist ein Fußbodenmosaik des Vorgängerbaus, das bei weiteren Untersuchungen entdeckt wurde. Pfauen sind um einen Kantharos (Trinkgefäß) herum angeordnet, und eine Inschrift weist die einschiffige Kirche als Paulusbasilika aus: „Bischof Porphyrios hat das Mosaik der Paulusbasilika legen lassen in Christus." Der Stifter nahm an der Synode von Serdica (Sofia) im Jahre 344 teil. Die in die erste Hälfte des 4. Jahrhunderts datierte Basilika ist der früheste Kirchenbau der Stadt.

Etwa einen Kilometer nördlich des antiken Philippi liegt das Dorf Lydia. Am Ortseingang befinden sich an dem kleinen Fluss Zigakti die Taufstelle und eine Taufkapelle, die an die Taufe der Lydia erinnern. Die Taufkapelle folgt den bis heute gültigen alten Traditionen des orthodoxen Kirchenbaus und wurde 1974 fertig gestellt. Das marmorne Taufbad ist achteckig und in den Boden eingelassen. Damit folgt es den Ordnungen der Alten Kirche, als Täufer und Taufbewerber ins Taufbad stiegen und die in der Regel Erwachsenen durch Untertauchen getauft wurden. Heute werden auch in der orthodoxen Kirche die Kleinkinder an einem Taufstein getauft, der im Taufbad aufgestellt ist. Wahrscheinlich ist die historische Taufstelle etwas näher an der Stadt zu suchen, da die Taufkapelle und die Taufstelle auf einem antiken heidnischen Friedhof stehen. Nach den jüdischen Reinheitsgeboten galten diese Friedhöfe als unrein.

Philippi, Inneres der Taufkirche beim Dorf Lydia

THESSALONIKI

Auf dem Weg über Amphipolis und Apollonia kamen sie nach Thessalonich. Dort hatten die Juden eine Synagoge. Nach seiner Gewohnheit ging Paulus zu ihnen und redete an drei Sabbaten zu ihnen, wobei er von den Schriften ausging. Er legte sie ihnen aus und erklärte, dass der Messias leiden und von den Toten auferstehen musste. Und er sagte: Jesus, den ich euch verkünde, ist dieser Messias. Einige von ihnen ließen sich überzeugen und schlossen sich Paulus und Silas an, außerdem eine große Schar gottesfürchtiger Griechen, darunter nicht wenige Frauen aus vornehmen Kreisen.
Die Juden wurden eifersüchtig, holten sich einige nichtsnutzige Männer, die sich auf dem Markt herumtrieben, wiegelten mit ihrer Hilfe das Volk auf und brachten die Stadt in Aufruhr. Sie zogen zum Haus des Jason und wollten die beiden vor das Volk führen. Sie fanden sie aber nicht. Daher schleppten sie den Jason und einige Brüder vor die Stadtpräfekten und schrien: Diese Leute, die die ganze Welt in Aufruhr gebracht haben, sind jetzt auch hier, und Jason hat sie aufgenommen. Sie alle verstoßen gegen die Gesetze des Kaisers; denn sie behaupten, ein anderer sei König, nämlich Jesus. So brachten sie die Menge und die Stadtpräfekten, die das hörten, in Erregung. Diese nahmen von Jason und den anderen eine Bürgschaft und ließen sie frei.

Apostelgeschichte 17,1-9

Über einen Aufenthalt des Paulus in den Städten Amphipolis und Apollonia berichtet die Apostelgeschichte des Lukas nichts. Etwa fünf Tage dürfte der Fußmarsch nach Thessaloniki gedauert haben. Vielleicht hat der Apostel in diesen Städten übernachtet und dort kurz verweilt.

Als Paulus nach Thessaloniki kam, lebten in der mehr als 350 Jahre alten Stadt etwa 20 – 30 000 Einwohner. Damit zählte sie zu den mittelgroßen Städten des Römischen Reiches und wurde in Griechenland nur noch von Korinth übertroffen. Thessaloniki war die Hauptstadt der Provinz Makedonien. Trotz des Völkergemisches aus Makedoniern, Griechen, Thrakern und zugewanderten römischen Kaufleuten sprach man in der Stadt fast nur Griechisch. Bis zum 4. Jahrhundert n. Chr. gewinnt die Stadt an Bedeutung. Aber auch in der byzantinischen Zeit spielte die Stadt mit ihren vielen Kirchen eine wichtige Rolle und war nach Konstantinopel die zweite Stadt des Reiches.

Heute ist Thessaloniki mit mehr als einer Million Einwohnern die zweitgrößte Stadt Griechenlands, Metropole des nördlichen Landesteils und Sitz eines griechisch-orthodoxen Erzbischofs.

Thessaloniki, Weißer Turm. Das Wahrzeichen der Stadt wurde Anfang des 15. Jahrhunderts von den Venezianern zur Verstärkung der Hafenbefestigung erbaut.

In seinen Briefen äußert sich Paulus nur wenig über seinen Aufenthalt in Thessaloniki. Der Apostel dankt Gott dafür, *dass ihr das Wort Gottes, das ihr durch unsere Verkündigung empfangen habt, nicht als Menschenwort, sondern – was es in Wahrheit ist – als Gottes Wort angenommen habt* (1 Thess 2,13). Wahrscheinlich spielen hier negative Erlebnisse der Thessalonicher mit umherziehenden Philosophen und Rhetoren eine Rolle, die ihre Lehren gegen Bezahlung verkündeten. Paulus hingegen hat in Thessaloniki gearbeitet und ist niemandem zur Last gefallen: *„Ihr erinnert euch, Brüder, wie wir uns gemüht und geplagt haben. Bei Tag und Nacht haben wir gearbeitet, um keinem von euch zur Last zu fallen, und haben euch so das Evangelium Gottes verkündet"* (1 Thess 2,9).

Wie so oft hat Paulus auch in Thessaloniki zuerst die Synagoge aufgesucht, um dort zu predigen. Einige Juden, aber noch mehr gottesfürchtige Griechen, darunter auch Frauen, schlossen sich seiner Lehre an. Doch hier kam es erneut zu Auseinandersetzungen. Auf der Suche nach dem Apostel ergriff das Volk Jason, bei dem Paulus und seine Gefährten untergekommen waren, und brachte ihn mit ein paar weiteren Chris-

ten vor die Stadtpräfekten. Gegen Zahlung einer Kaution wurden Paulus und Silas freigelassen. Daraufhin verließen sie die Stadt.
Der griechische Titel der obersten städtischen Beamten lautete Politarch. Vielleicht handelte es sich um ein besonders für die Provinz Makedonien typisches Amt, da 80 Prozent aller Inschriften mit diesem Wort in Makedonien gefunden worden sind. Die Politarchen hatten die Aufgabe, den Rat der Stadt einzuberufen und den Vorsitz zu führen. Auch die Volksversammlung beriefen sie ein und haben dort Vorlagen eingebracht. Darüber hinaus sorgten sie für Recht und Ordnung. In Thessaloniki gab es meist fünf Politarchen, nach denen die Jahre gezählt wurden. Die Amtszeit dieser obersten nichtrömischen Beamten der Stadt betrug ein Jahr.

Auf der dritten Missionsreise wird Paulus auch der Gemeinde in Thessaloniki noch zwei Besuche abgestattet haben. Dabei wurde er u. a. auch von Aristarch und Sekundus aus Thessaloniki begleitet (Apg 20,4).

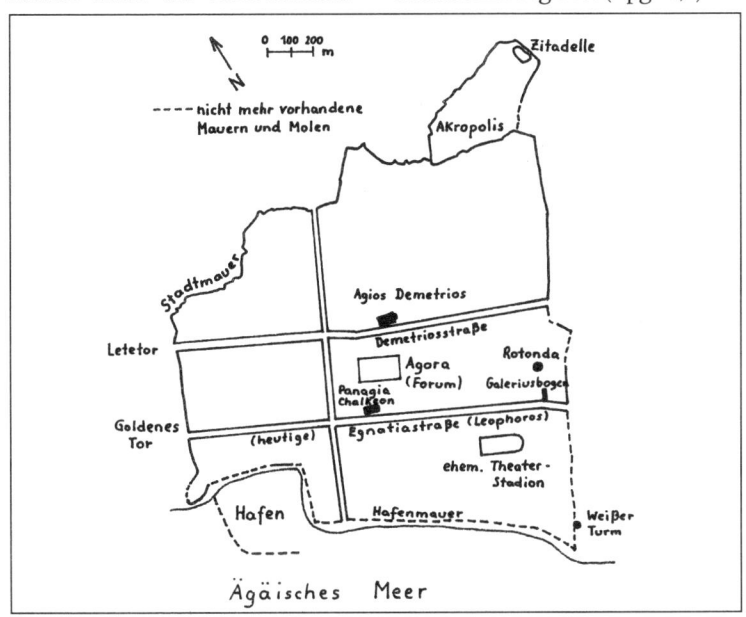

Thessaloniki, Stadtplan

Das moderne Thessaloniki liegt genau auf der antiken Stadt, die Paulus besuchte. Deshalb sind die monumentalen archäologischen Zeugnisse ziemlich rar. Das Straßennetz der Stadt ist quadratisch angelegt worden und existierte schon zur Zeit des Paulus. Er ging wahrscheinlich auf denselben Straßen, auf denen heute Einwohner und Touristen gehen.

Bezeichnend für das Stadtbild ist die Hanglage. Langsam beginnt das Niveau an der Küste zu steigen, die nördliche Stadtmauer liegt schon etwa 100 Meter über dem Meeresspiegel. Aus diesen steilen Anstiegen resultiert die terrassenförmige Anlage der Häuser.

Vom antiken Stadion, das zur Zeit des Paulus zumindest schon im Bau war und 20 000 Zuschauern Platz bot, sind nur nicht zugängliche Reste erhalten, die überbaut wurden. Auch von den antiken Hafenanlagen ist nichts mehr zu sehen.

Die noch vorhandenen etwa drei Kilometer Stadtmauern sind überwiegend aus der byzantinischen Zeit, einige Reste aber gehen wahrscheinlich auf die erste Mauer aus der Zeit der Stadtgründung zurück. Der Verlauf der Mauer ist wohl seit der Antike im Wesentlichen unverändert geblieben.

Das Zentrum der Stadt bildete die Agora, die ein Rechteck von 100 x

Thessaloniki, Teilansicht der Stadtmauer

200 Meter einnahm. Die architektonische Anordnung der Agora stammt aus dem 2. Jahrhundert n. Chr. Paulus muss sie also in einer früheren Form gesehen haben. Zur Zeit seines Besuches existierte aber schon das Badehaus an der Südostecke der Agora.

Die Hauptkirche der Stadt ist dem hl. Demetrios geweiht, der hier im Jahre 303 bei der von Diokletian und Galerius angeordneten Christenverfolgung in den Thermen das Martyrium erlitt. Bald darauf wurde eine kleine Kirche errichtet, die im 5. Jahrhundert von einer gewaltigen fünfschiffigen Basilika mit Querschiff abgelöst wurde. Auch im heutigen, nach dem Stadtbrand von 1917 neu errichteten, Bau ist die alte Anlage noch gut zu erkennen. Das Fest des Stadtheiligen wird jeweils am 26. Oktober mit großem Aufwand begangen.

Thessaloniki, Kirche Hagios Demetrios. Der heilige Demetrios, Stadtpatron von Thessaloniki, mit den Stiftern Präfekt Leontius und Bischof Johannes. Byzantinisches Mosaik, um 629/43.

BERÖA

Die Brüder schickten noch in der Nacht Paulus und Silas weiter nach Beröa. Nach ihrer Ankunft gingen sie in die Synagoge der Juden. Diese waren freundlicher als die in Thessalonich; mit großer Bereitschaft nahmen sie das Wort auf und forschten Tag für Tag in den Schriften nach, ob sich dies wirklich so verhielte. Viele von ihnen wurden gläubig, und ebenso nicht wenige der vornehmen griechischen Frauen und Männer. Als aber die Juden von Thessalonich erfuhren, dass Paulus auch in Beröa das Wort Gottes verkündete, kamen sie dorthin, um das Volk aufzuwiegeln und aufzuhetzen. Da schickten die Brüder Paulus sogleich weg zum Meer hinunter. Silas und Timotheus aber blieben zurück. Die Begleiter des Paulus brachten ihn nach Athen. Mit dem Auftrag an Silas und Timotheus, Paulus möglichst rasch nachzukommen, kehrten sie zurück.

Apostelgeschichte 17,10-15

Beröa liegt etwa 70 Kilometer südwestlich von Thessaloniki. Die etwa 40 000 Einwohner zählende Stadt wird vom Fluss Tripotamos durchflossen. Beröa liegt etwa 40 Kilometer abseits der Via Egnatia an den Ausläufern des 2000 Meter hohen Vermion-Gebirges. Durch diese Lage bedingt war die Stadt weniger bedeutend als Thessaloniki oder Philippi.

Mehr als 500 Jahre war Beröa bereits alt, als Paulus mit seinen Begleitern etwa 49/50 n. Chr. in die Stadt kam. Nachdem Beröa in die römischen Bürgerkriege hineingezogen worden war, begann erst unter Kaiser Augustus (63 v. Chr.– 14 n. Chr.) eine längere Zeit der friedlichen Entwicklung. Trotz der ständigen Bedrohungen durch Goten, Hunnen, Slawen, Awaren, Bulgaren und Normannen war die byzantinische Zeit eine Epoche, in der viele Kirchen und Klöster mit wunderbaren Kunstschätzen entstanden. Nach der türkischen Eroberung 1448/49 konnte die Stadt erst 1912 wieder dem neu erstandenen griechischen Staat eingegliedert werden. Heute ist Beröa griechisch-orthodoxer Bischofssitz für Beröa und Naoussa.

Nur der kurze Abschnitt in der Apostelgeschichte berichtet über den Aufenthalt des Apostels Paulus in Beröa. Die Stadt lag außerhalb des Amtsbezirks des Stadtpräfekten von Thessaloniki, Paulus war hier vor weiteren Nachstellungen sicher. Auch in Beröa existierte eine jüdische Gemeinde, die Paulus aufsuchte. Die antike Synagoge wird in der Nähe des Paulus-Denkmals vermutet. Ihr Standort ist nicht mit dem der heutigen Synagoge identisch.

Neben Juden waren es auch hier wieder Gottesfürchtige, welche die neuen Lehren annahmen. Ausdrücklich werden vornehme Männer und Frauen genannt. Frauen hatten in Beröa einflussreiche Positionen inne. Die Stadt war Sitz des Koinons, des mazedonischen Provinziallandtages, dem auch Frauen angehörten. Selbst eine Frau als Vorsitzende des Koinons ist bezeugt, was für die Antike äußerst ungewöhnlich ist. Frauen waren auch als Priesterinnen des Augustus tätig.

In Beröa war der Aufenthalt des Paulus ebenfalls nicht von langer Dauer. Nachdem die Juden in Thessaloniki davon erfuhren, traten sie auch in Beröa gegen die Predigten des Paulus auf. Der Apostel wurde aus der Stadt geschickt und begab sich nach Athen. Die Apostelgeschichte macht nicht deutlich, ob er auf dem Land- oder Seeweg dorthin gelangte. Silas und Timotheus bleiben noch in Beröa, um die junge Gemeinde zu stärken. Sie treffen erst in Korinth wieder mit Paulus zusammen. Die Gemeindegründung hatte Bestand. So berichtet die Apostelgeschichte von einem Sopater, Sohn des Pyrrhus, aus Beröa, der auf der dritten Missionsreise zu seinen Begleitern zählte (Apg 20,4).

Beröa, Altstadt

Beröa, Paulusdenkmal. Die Mosaiken zeigen in der Nische den Apostel Paulus, links seine Vision: ein Mann ruft ihn aus Asien hinüber nach Makedonien. Rechts ist die Predigt des Apostels vor den Stadtmauern von Beröa zu sehen.

Das antike Beröa verbirgt sich unter der modernen Stadt. Von der antiken Stadt ist deshalb wenig zu sehen bzw. erhalten. Bei Erdarbeiten aber werden immer wieder Funde gemacht, die im Archäologischen Museum der Stadt zu besichtigen sind. Das einzige größere Monument der Antike sind die Stadtmauern, deren älteste Teile aus der makedonischen Zeit (4. Jahrhundert v. Chr.) stammen. Paulus hat diese Mauern vorgefunden, die in der Zeit der Bedrohung durch die Völkerwanderung verstärkt wurden.

Aber kaum eine Stadt in Makedonien ist sich ihrer paulinischen Traditionen so bewusst wie Beröa. Jedes Jahr im Juni werden in der Stadt religiöse Festspiele zu Ehren des Apostels, die so genannten „Paulia", veranstaltet. Beendet werden sie mit einem feierlichen Abendgottesdienst am Paulusdenkmal. Es befindet sich am südlichen Rand der Altstadt, bereits außerhalb der Mauern, in der Straße Mavromichali, und wurde in den Jahren 1953–63 errichtet. Das Denkmal erhebt nicht den Anspruch, am historischen Ort der Missionspredigten des Apostels zu stehen. Es ist eine Stätte der Andacht und des Gebets. Den Mittelpunkt des Denkmals, das wie ein monumentaler halbrunder Flügelaltar wirkt, bildet eine Nische mit einem Paulusmosaik, umrahmt von großen Mosaiken mit Szenen aus der Apostelgeschichte. Links sieht man die Vision des Apostels, in der er von einem Mann nach Makedonien gerufen wird (Apg 16, 9), rechts die Predigt des Paulus vor den Mauern der Stadt Beröa. Links des Denkmals befindet sich ein weiterer kleiner Paulusaltar mit zwei Mosaiken,

Beröa, Paulus-Altar

die Christus und darunter Paulus mit den Attributen Schwert und Schriftrolle darstellen.

Berühmt ist die Stadt auch wegen ihrer etwa 50 Kirchen. Die zum großen Teil byzantinischen Kirchen zeichnen sich durch schöne Fresken aus.

ATHEN

Während Paulus in Athen auf sie wartete, erfasste ihn heftiger Zorn; denn er sah die Stadt voll von Götzenbildern. Er redete in der Synagoge mit den Juden und Gottesfürchtigen, und auf dem Markt sprach er täglich mit denen, die er gerade antraf. Einige von den epikureischen und stoischen Philosophen diskutierten mit ihm, und manche sagten: Was will denn dieser Schwätzer? Andere aber: Es scheint ein Verkünder fremder Gottheiten zu sein. Er verkündete nämlich das Evangelium von Jesus und von der Auferstehung. Sie nahmen ihn mit, führten ihn zum Areopag und fragten: Können wir erfahren, was das für eine neue Lehre ist, die du vorträgst? Du bringst uns recht befremdliche Dinge zu Gehör. Wir wüssten gern, worum es sich handelt. Alle Athener und die Fremden dort taten nichts lieber, als die letzten Neuigkeiten zu erzählen oder zu hören.
Da stellte sich Paulus in die Mitte des Areopags und sagte: Athener, nach allem, was ich sehe, seid ihr besonders fromme Menschen. Denn als ich umherging und mir eure Heiligtümer ansah, fand ich auch einen Altar mit der Aufschrift: EINEM UNBEKANNTEN GOTT. Was ihr verehrt, ohne es zu kennen, das verkünde ich euch. Gott, der die Welt erschaffen hat und alles in ihr, er, der Herr über Himmel und Erde, wohnt nicht in Tempeln, die von Menschenhand gemacht sind. Er lässt sich auch nicht von Menschen bedienen, als brauche er etwas: er, der allen das Leben, den Atem und alles gibt. Er hat aus einem einzigen Menschen das ganze Menschengeschlecht erschaffen, damit es die ganze Erde bewohne. Er hat für sie bestimmte Zeiten und die Grenzen ihrer Wohnsitze festgesetzt. Sie sollten Gott suchen, ob sie ihn ertasten und finden könnten; denn keinem von uns ist er fern. Denn in ihm leben wir, bewegen wir uns und sind wir, wie auch einige von euren Dichtern gesagt haben: Wir sind von seiner Art. Da wir also von Gottes Art sind, dürfen wir nicht meinen, das Göttliche sei wie ein goldenes oder silbernes oder steinernes Gebilde menschlicher Kunst und Erfindung. Gott, der über die Zeiten der Unwissenheit hinweggesehen hat, lässt jetzt den Menschen verkünden, dass überall alle umkehren sollen. Denn er hat einen Tag festgesetzt, an dem er den Erdkreis in Gerechtigkeit richten wird, durch einen Mann, den er dazu bestimmt und vor allen Menschen dadurch ausgewiesen hat, dass er ihn von den Toten auferweckte.
Als sie von der Auferstehung der Toten hörten, spotteten die einen, andere aber sagten: Darüber wollen wir dich ein andermal hören. So ging Paulus aus ihrer Mitte weg. Einige Männer aber schlossen sich ihm an und wurden gläubig, unter

ihnen auch Dionysius, der Areopagit, außerdem eine Frau namens Damaris und noch andere mit ihnen.

Apostelgeschichte 17,16-34

Darum hielten wir es nicht länger aus; wir beschlossen, allein in Athen zurückzubleiben, und schickten Timotheus, unseren Bruder und Gottes Mitarbeiter am Evangelium Christi, um euch zu stärken ...

Der erste Brief an die Thessalonicher 3,1f.

Als Paulus nach Athen kam, hatte die Stadt ihren wirtschaftlichen und politischen Höhepunkt längst hinter sich. Viele antike Schriftsteller, so z. B. Ovid (43 v. Chr.–17 oder 18 n. Chr.), beklagten den Verfall der Stadt. Noch war sie aber eine hoch geachtete und von vielen besuchte Bildungsmetropole der alten Welt. Die Stadt wurde in mykenischer Zeit (15. bis 11. Jahrhundert v. Chr.) gegründet. Der Zerstörung durch die Perser zu Beginn des 5. Jahrhunderts v. Chr. folgte der Wiederaufbau der Stadt. Athen entwickelte sich zum geistigen Zentrum der griechischen Welt, die Akropolis wurde ausgebaut. Etwa 200 000 Menschen lebten in dieser Blütezeit in der Stadt. Es folgte eine Zeit, die geprägt war durch den Wechsel von innergriechischen Konflikten und relativer Stabilität. Die Römer eroberten 86 v. Chr. Athen und zerstörten es teilweise.
Zur Zeit des Apostels Paulus lebten nur noch 10 – 20 000 Menschen hier. Kaiser Justinian (527–565) verfügte im Jahre 529 die Schließung der heidnischen Philosophenschulen, der endgültige Niedergang Athens setzte ein.
Nach der türkischen Eroberung 1458 befreiten die Griechen die Stadt erst wieder 1833. Trotz der nur noch 4000 Einwohner wurde Athen Hauptstadt des neu erstandenen griechischen Staates. Eine rasante Entwicklung setzte ein. Heute ist Athen wieder eine der großen Metropolen des Mittelmeerraumes mit etwa vier Millionen Einwohnern. Athen ist Sitz des Erzbischofs der orthodoxen Kirche von Griechenland, zu der sich etwa 98 Prozent der rund 11 Millionen Einwohner des Landes bekennen.

Ausführlich berichtet Lukas in der Apostelgeschichte über den Besuch des Paulus in Athen. Paulus reiste mit Brüdern aus der Gemeinde Beröa. Man vermutet, dass diese Reise auf dem Seeweg nach Piräus führte, aber auch der Landweg ist denkbar. Piräus war seit dem 5. Jahrhundert v. Chr. durch die „langen Mauern" mit Athen, das sechs Kilometer entfernt war, verbunden. Paulus hat nur die durch die Römer 86 v. Chr. zerstörten Mauern sehen können. Seine Begleiter brachten ihn bis in die Stadt, in der Paulus eine Zeit lang allein blieb.

Bei einem Rundgang durch die Universitätsstadt hat er die übergroße Fülle von Altären und Götterbildern gesehen. Das muss für den Juden Paulus, der mit dem Glauben an den einen Gott groß geworden war, eine starke Anfechtung bedeutet haben.

Zunächst suchte Paulus wieder die Synagoge auf, um dort zu predigen. Die Existenz von Juden in Athen ist bereits im 3. Jahrhundert v. Chr. durch Inschriften nachgewiesen. Es scheint aber so, als ob Paulus hier keine Anhänger gewinnen konnte. So wandte er sich den Epikuräern und Stoikern zu.

Lukas benennt hier die zwei populärsten Strömungen der kaiserzeitlichen Philosophie. Die Epikuräer erhielten ihren Namen von dem Philosophen Epikur (341–270 v.

Athen, Blick zur Akropolis

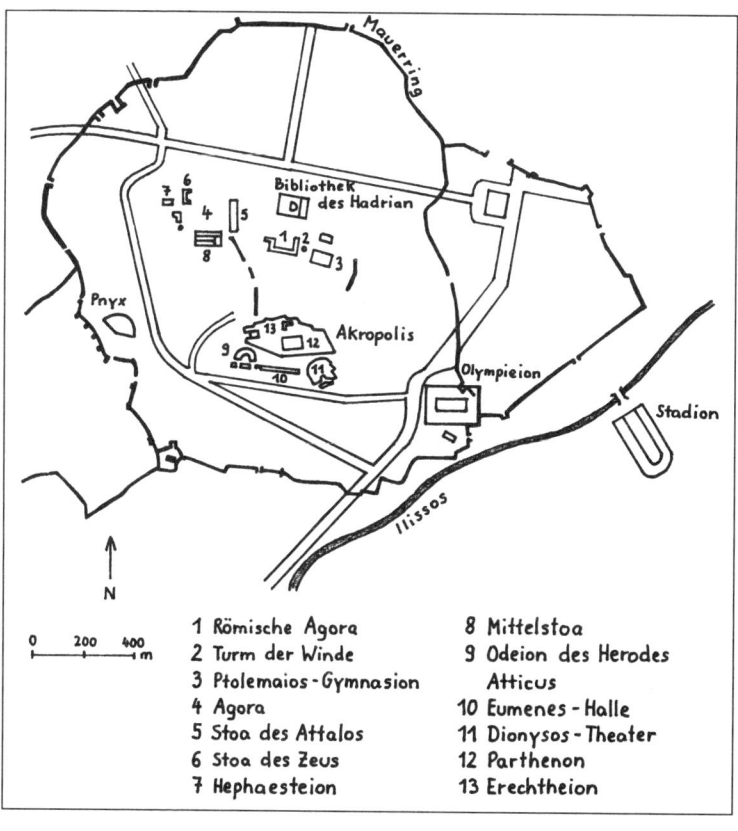

Athen, Stadtplan

Chr.). Als Ziel der menschlichen Existenz sahen sie ein Leben voller Freude an. Ruhe und Ausgeglichenheit, die Freiheit von Angst und Schmerz gehörten dazu wie letztlich auch innerer Frieden. Gott wurde von den Epikuräern außerhalb aller denkbaren Welten angesiedelt. Zwischen ihm und der menschlichen Welt bestand nach ihrer Auffassung kein Zusammenhang.

Der Name der bunten Säulenhalle in Athen, der Stoa Poikile am Nordrand der Agora, wurde auf die Schüler des Philosophen Zenon

Athen, Akropolis, Erechtheion, Korenhalle

von Kition übertragen. Auch er lebte um 300 v. Chr. Zenon lehrte die Planmäßigkeit des ganzen Weltgeschehens, die auf ein inneres Prinzip zurückzuführen sei. Es durchdringe alle Dinge, auch den Menschen. Ein sittliches Leben in großer Tugendhaftigkeit ist das Ziel seiner Lehren. Davon leitet sich die sprichwörtlich gewordene stoische Ruhe ab.

Die Philosophen führten Paulus zum Areopag und baten ihn, seine Lehren darzulegen. Diese Rede auf dem Areopag ist der Höhepunkt der zweiten Missionsreise. Areopag ist ursprünglich der Name für einen Adelsrat, der seit dem 7. Jahrhundert v. Chr. auf einem Hügel in Athen tagte. Er gab diesem Hügel den Namen. Auch zur Zeit des Apostelbesuches gab es diesen Rat noch, der aber inzwischen auch an anderen Orten tagte. Der Areopag-Hügel, weit entfernt von der Agora, ist eine unebene Kalksteinkuppe. Bis heute ist nicht geklärt, ob es sich um den Ort der Areopagrede handelt. Vielleicht wurde diese Rede ja auch vor dem Adelsrat gehalten.

Im römischen Athen scheint der Areopag eine der wichtigsten Behörden gewesen zu sein. Er war zuständig für Außenpolitik, das Münzwesen, überwachte Maße und Gewichte. Auch die Aufsicht über Heiligtümer und Rechtsprechung gehörte zu seinen Aufgaben. Lukas nennt unter den Bekehrten auch Dionysius, den Areopagiten (Apg 17,34), ein Mitglied des Areopags. Auf jeden Fall hat Paulus eine Rede vor einem ausgesuchten Publikum gehalten. Geschickt bezieht er griechisches Gedankengut in seine Rede ein und deutet es christlich. Einen Altar für „einen unbekannten Gott" hat man bisher nicht gefunden, aber aus Beschreibungen ist er bekannt. Er soll im 2. Jahrhundert v. Chr. in Phaleron, dem zweiten Hafen Athens, existiert haben. Die Areopagrede ist ein einzigartiges Dokument der Auseinandersetzung des jungen

Christentums mit der heidnischen Religion und Philosophie, von der es umgeben war.

Unklar bleibt, ob die Mission des Paulus in Athen schon zu einer dauerhaften Gemeindegründung geführt hat. In den Briefen des Apostels gibt es keine Hinweise darauf. Es ist auch nicht sicher, ob Paulus auf seiner nächsten Reise durch Griechenland erneut Athen besucht hat.

In Athen sind noch sehr viele Gebäude zu sehen, die schon beim Besuch des Apostels Paulus existierten. Akropolis und Agora bildeten die beiden Zentren der antiken Stadt.

Die Akropolis, der Burghügel aus der Frühzeit, erhebt sich 156 Meter über das Meer. Ab dem 6. Jahrhundert v. Chr. errichtete man hier das Heiligtum der Stadtgöttin Athene. In der klassischen Zeit wurde die Akropolis mit prachtvollen Bauten ausgestattet, später erfolgten nur noch kleinere Umbauten. Die Propyläen aus dem 5. Jahrhundert v. Chr. bilden die Toranlage zur Akropolis. Wahrscheinlich durch den Ausbruch des Peloponnesischen Krieges bedingt wurden sie nie vollendet. Im Zentrum erhebt sich der Parthenon, der Tempel der Athene. Mit 70 Metern Länge, 31 Metern Breite, 14 Metern Höhe und 46 Säulen ist der Parthenon einer der größten Tempel der griechischen Welt, 447 bis 438 v. Chr. erbaut. Die Giebelseiten waren mit Plastiken der Athene und Szenen aus dem Trojanischen Krieg geschmückt.

Athen, Akropolis, Erechtheion.
Der 421–406 v. Chr. erbaute Tempel war das eigentliche Kultzentrum der Akropolis

Nicht weit vom Parthenon erhebt sich das Erechtheion, das eigentliche Kultzentrum der Akropolis. In dem 421 bis 406 v. Chr. erbauten Tempel wurde die angeblich vom Himmel gefallene Holzstatue der Athene verehrt. Als Paulus in Athen weilte, sah er noch viele weitere Heiligtümer auf der Akropolis und an deren Abhängen.

Unterhalb der Akropolis erhob sich die 160 Meter lange Säulenhalle des Eumenes aus dem 2. Jahrhundert v. Chr. Die genaue Funktion ist bis heute nicht geklärt. Das 15 000 Personen Platz bietende Dionysos-Theater aus dem 6./5. Jahrhundert v. Chr. erhielt im 4. Jahrhundert v. Chr. die noch zu sehenden steinernen Bänke. Als Konzerthalle diente das im 5. Jahrhundert v. Chr. erbaute Odeion des Perikles. Das Heiligtum des Asklepios aus dem Jahre 419 v. Chr. blieb erhalten, weil es im 5./6. Jahrhundert mit einer dreischiffigen christlichen Basilika überbaut wurde. Etwa 400 Jahre wurde am Heiligtum des Olympi-

Athen, Hephaiston. Der Tempel der Götter Hephaistos und Athene wurde Mitte des 5. Jahrhunderts v. Chr. errichtet.

schen Zeus gebaut, das erst 174 v. Chr. vollendet wurde.

Im Schatten der Akropolis, etwa 500 Meter nordöstlich, liegt die Agora. Hier war das politische, wirtschaftliche und gesellschaftliche Zentrum der Stadt. Dem Besucher bietet sich heute das Bild einer ernüchternden Grabungsstätte. Reste des Bouleutherions (Rathaus) sowie von Säulenhallen, Altären und Tempeln sind erhalten. Aus diesen antiken Überresten ragen nur das Hephaiston auf der Westseite, die 1953–56 rekonstruierte große Säulenhalle des Attalos und die um 1000 errichtete Apostelkirche heraus.

Das Hephaiston, zwischen 449 und 444 v. Chr. erbaut, war der Tempel der Götter Hephaistos und Athene und wurde in frühchristlicher Zeit in eine Kirche umgewandelt. König Attalos von Pergamon stiftete im 2. Jahrhundert v. Chr. die heute vollständig restaurierte Säulenhalle. Das 112 Meter lange Gebäude könnte man am ehesten als antike Markthalle bezeichnen. Auf jeder Etage gab es 21 Geschäfte, in denen man vor Sonne und Regen geschützt einkaufen konnte. Zur Zeit des Paulus war die Agora ein unregelmäßiges Viereck, an den Seiten größtenteils von Säulenhallen umstanden. Quer über die Agora führte die Panathenäenstraße für die Prozessionszüge zur Akropolis.

Nur wenige Meter von der alten Agora entfernt wurde im 1. Jahrhundert v. Chr. die römische Agora angelegt. Der Platz maß 95 x 110 Meter und war ebenfalls von Säulen umstanden. Fertig gestellt wurde er erst Anfang des 2. Jahrhunderts n. Chr. Die römische Agora diente vorzugsweise als Marktplatz, auf dem Olivenöl verkauft wurde.

Berühmt war der „Turm der Winde". Der achteckige Turm war zwölf Meter hoch und zeichnete sich durch zwei Uhren aus. Einer Sonnenuhr außen stand eine vom Wetter unabhängige Wasseruhr im Turm zur Seite. Die Funktionsweise der Wasseruhr konnte bis heute nicht ganz geklärt werden. Seinen Namen erhielt der Turm von Reliefs unterhalb des Daches, auf denen Personifikationen der Windrichtungen zu sehen waren.

KORINTH

Hierauf verließ Paulus Athen und ging nach Korinth. Dort traf er einen aus Pontus stammenden Juden namens Aquila, der vor kurzem aus Italien gekommen war, und dessen Frau Priszilla. Klaudius hatte nämlich angeordnet, dass alle Juden Rom verlassen müssten. Diesen beiden schloss er sich an, und da sie das gleiche Handwerk betrieben, blieb er bei ihnen und arbeitete dort. Sie waren Zeltmacher von Beruf. An jedem Sabbat lehrte er in der Synagoge und suchte Juden und Griechen zu überzeugen. Als aber Silas und Timotheus aus Mazedonien eingetroffen waren, widmete sich Paulus ganz der Verkündigung und bezeugte den Juden, dass Jesus der Messias sei. Als sie sich dagegen auflehnten und Lästerungen ausstießen, schüttelte er seine Kleider aus und sagte zu ihnen: Euer Blut komme über euer Haupt! Ich bin daran unschuldig. Von jetzt an werde ich zu den Heiden gehen.

Und er ging von da in das Haus eines gewissen Titius Justus hinüber, eines Gottesfürchtigen, dessen Haus an die Synagoge grenzte. Krispus aber, der Synagogenvorsteher, kam mit seinem ganzen Haus zum Glauben an den Herrn; und viele Korinther, die (Paulus) hörten, wurden gläubig und ließen sich taufen. Der Herr aber sagte nachts in einer Vision zu Paulus: Fürchte dich nicht! Rede nur, schweige nicht! Denn ich bin mit dir, niemand wird dir etwas antun. Viel Volk nämlich gehört mir in dieser Stadt. So blieb Paulus ein Jahr und sechs Monate und lehrte bei ihnen das Wort Gottes.

Als aber Gallio Prokonsul von Achaia war, traten die Juden einmütig gegen Paulus auf, brachten ihn vor den Richterstuhl und sagten: Dieser verführt die Menschen zu einer Gottesverehrung, die gegen das Gesetz verstößt. Als Paulus etwas erwidern wollte, sagte Gallio zu den Juden: Läge hier ein Vergehen oder Verbrechen vor, ihr Juden, so würde ich eure Klage ordnungsgemäß behandeln. Streitet ihr jedoch über Lehre und Namen und euer Gesetz, dann seht selber zu! Darüber will ich nicht Richter sein. Und er wies sie vom Richterstuhl weg. Da ergriffen alle den Synagogenvorsteher Sosthenes und verprügelten ihn vor dem Richterstuhl. Gallio aber kümmerte sich nicht darum.

Apostelgeschichte 18,1-17

Die Stadt Korinth hat den getrockneten Weintrauben, die in der Antike von Korinth aus verschifft wurden, ihren Namen gegeben. Durch ihre verkehrsgünstige Lage am Isthmos, der schmalen Landenge zwischen Festland und Peloponnes, war die Stadt ein bedeutendes Handelszentrum des Römischen Reiches. Das heutige Korinth liegt rund sieben Kilometer nordwestlich der antiken Metropole, direkt am gleichnamigen Golf. Etwa 25 000 Einwohner leben in der Stadt, die auch Sitz eines griechisch-orthodoxen Metropoliten ist. Bei der Ausgrabungsstätte der antiken Stadt befindet sich heute nur noch das Dorf Alt-Korinth.

Gegründet wurde Korinth im 10. oder 9. Jahrhundert v. Chr. Bereits im 8. Jahrhundert v. Chr. war die Stadt so bedeutend, dass sie Tochterstädte gründete, u. a. Syrakus auf Sizilien. Seine größte Blüte erreichte Korinth im 5. vorchristlichen Jahrhundert. Damals lebten etwa 100 000 Menschen in der Metropole. Zwei Häfen, Lechaion (drei Kilometer nördlich am Golf von Korinth) und Kenchreä (am Saronischen Golf) bezeugen die große Bedeutung der Stadt. Zwischen beiden Häfen wurde in der

Korinth, Das antike Alt-Korinth

Antike der Diolkos, eine etwa 4 bis 6 Meter breite gepflasterte Straße angelegt. Schiffe wurden auf hölzernen Untersätzen über Land von einem Hafen zum anderen gezogen. Da der Aufwand sehr hoch war, bewegte man nur Kriegsschiffe und leichte Frachtschiffe auf diese Art, die vorher entladen werden mussten. Reste dieser Straße sind auf der westlichen Seite des Isthmos noch erhalten.

Die Römer nahmen Korinth im Jahre 146 v. Chr. ein und brannten es nieder. Caesar (100–44 v. Chr.) gründete die Stadt 44 v. Chr. als römische Kolonie neu und siedelte Freigelassene aus Rom und Veteranen an. Zur Zeit des Besuchs des Apostels Paulus war Korinth Provinzhauptstadt und Sitz des Statthalters. Das erste und zweite Jahrhundert war eine Zeit der erneuten Blüte, Korinth war eine pulsierende Handelsstadt. Später wurde die Stadt bedeutungslos, spielte nur noch als Festung eine Rolle. Den 575 Meter hohen Burgfelsen (Akrokorinth) nutzten viele sich abwechselnde Machthaber. Im Zuge des Befreiungskampfes wurde Korinth 1822 wieder griechisch.

Ob Paulus den 100 Kilometer langen Weg von Athen nach Korinth zu Fuß oder auf dem Wasser zurücklegte, wissen wir nicht. Am wahrscheinlichsten ist wohl der Fußweg. Damals lebten etwa 50 000 Einwohner in der größten Stadt Griechenlands. Kaufleute und Händler auch aus anderen Teilen des Römischen Reiches wanderten zu. Paulus blieb anderthalb Jahre in der Stadt (Apg 18,11). In keiner anderen Gemeinde hat er sich so lange auf-

---

PRISCA (PRISZILLA)

Paulus bezeichnet das Ehepaar Prisca und Aquila mehrmals als seine Mitarbeiter. Prisca lebte mit ihrem Mann Aquila, einem Juden aus Pontus, in Rom. Als Kaiser Klaudius (10 v. Chr.–54 n. Chr.) alle Juden aus der Hauptstadt des Imperiums auswies, gingen Prisca und Aquila nach Korinth. Paulus, der während der zweiten Missionsreise in die Stadt kam, wurde von ihnen aufgenommen. Sie bekehrten sich zum Christentum und begleiteten Paulus auf seiner Weiterreise nach Ephesus. Hier wirkten sie als Missionare. Sie unterrichteten Apollos, einen Jünger Johannes des Täufers (Apg 18,24–26). In ihrem Haus versammelte sich die Gemeinde zum Gottesdienst (1 Kor 16,19). Schließlich kehrten Prisca und Aquila nach Rom zurück. Auch dort stellten sie ihr Haus für Gottesdienste zur Verfügung (Röm 16,3-5). Über ihr weiteres Schicksal ist nichts bekannt.
Die Katholiken gedenken ihrer am 8. Juli, die Orthodoxen am 14. Juli.

gehalten, an keine so viel und umfangreich geschrieben. Neben den zwei erhaltenen Briefen an die Korinther gab es noch einen ersten, nicht überlieferten Brief. Aus keiner anderen Gemeinde wissen wir von so vielen Problemen und Streitigkeiten. Diese belasteten auch das Verhältnis zu Paulus. Davon legen die Briefe an die Korinther ausdrucksvoll Zeugnis ab.

Paulus trifft in Korinth auf Aquila und Priszilla, ein jüdisches Ehepaar. Das war vor kurzem aus Rom nach Korinth gekommen. Kaiser Klaudius (10 v. Chr.–54 n. Chr.) hatte ein Edikt erlassen, das alle Juden aus Rom auswies. Grund waren wahrscheinlich Auseinandersetzungen zwischen Juden und Christen in Rom. Das Edikt wird auf das Jahr 49 n. Chr. datiert. Wie Paulus waren Aquila und Priszilla Zeltmacher.

Auch in Korinth begann die Missionstätigkeit des Paulus in der Synagoge. Neben den Juden versammelten sich auch hier gottesfürchtige Heiden. Archäologisch ist eine Synagoge aus dem 2. Jahrhundert n. Chr. nachgewiesen. Unter den Juden scheint Paulus wenig Erfolg beschieden gewesen zu sein (Apg 18,6). Immerhin aber kam der Synagogenvorsteher Krispus mit seinem ganzen Haus zum Glauben. Mehr Annahme fand die Predigt des Paulus bei den Gottesfürchtigen. Im Haus des Titius Justus neben der Synagoge bildete sich die erste christliche Hausgemeinde Korinths. Er wird zu den wenigen Wohlhabenden gezählt haben, die der Gemeinde ihre Häuser zur Verfügung stellten.

Archäologen haben einige für Korinth typische Häuser freigelegt. Etwa 200 m² Grundfläche standen zur Verfügung, davon entfielen ca. 30 m² auf den umbauten Innenhof mit einem Wasserbecken. Der Speiseraum hatte etwa die Ausmaße von 5,5 x 7,5 Metern. Der Großteil der ersten Mitglieder der Gemeinde stammte aber aus den unteren Schichten der Gesellschaft.

Wichtig für die zeitliche Eingrenzung des Paulus-Besuches in Korinth ist die Nachricht über die Begegnung mit dem Provinzstatthalter Lucius Iunius Gallio († um 65). Wahrscheinlich übte er von 51 bis 52 n. Chr. das Amt eines Statthalters aus. Gallio sah in dem vorgetragenen Streit nur eine innerjüdische Angelegenheit. Die Zurückweisung der Anklage ist wohl kaum als Parteinahme für Paulus zu deuten. Antisemitische Äußerungen waren damals nicht selten. Gallios Bruder Seneca (um 1–65) sprach von den Juden als dem „verruchtesten Volk".

Paulus verließ zusammen mit

Aquila und Priszilla Korinth. Vom Hafen Kenchreä fuhren sie über Ephesus nach Syrien. Die Probleme in Korinth aber nötigten Paulus geradezu, die Gemeinde erneut zu besuchen. Aus den Korintherbriefen ist zu entnehmen, dass es ethische Probleme gab. Spaltungen und Parteiungen traten offen an den Tag. Mit dem Beginn der Abendmahlsfeiern wartete man offenbar nicht, bis alle Gemeindeglieder versammelt waren. Einige kamen satt, andere noch hungrig zu den Gottesdiensten. Hier wurden die sozialen Unterschiede besonders deutlich offenbar, aus denen die großen Spannungen in der Gemeinde resultierten.

Der angekündigte „Zwischenbesuch" (1 Kor 11,34; 14,6; 16,6), wahrscheinlich im Jahre 54 n. Chr., endete für Paulus katastrophal. Der Apostel wurde heftig angegriffen und beschimpft, besonders die Bezeichnung Apostel wurde ihm abgesprochen. Offenbar hatte die Gemeinde sich mittlerweile anderen Missionaren angeschlossen. Paulus verlässt Korinth und fährt nach Ephesus. Dort schreibt er den „Tränenbrief" an die Gemeinde in Korinth (2 Kor 10-13). Sein Mitarbeiter Titus überbringt Paulus die Nachricht, dass sich die Lage in Korinth gebessert hat. Freudig erwartet die Gemeinde nun den Apostel. Paulus schreibt einen weiteren Brief und

TITUS

Paulus erwähnt Titus sowohl im Brief an die Galater (2,1.3) als auch im zweiten Korintherbrief (7,6-7; 8,6-23). Nach der Abreise des Timotheus sandte Paulus Titus nach Korinth. Ihm gelang es, dass sich die Korinther wieder mit Paulus aussöhnten. Titus erfuhr in der Gemeinde Trost und Hilfe. Paulus schickte Titus später nach Korinth zurück und beauftragte ihn mit dem Abschluss der Kollektensammlung für Jerusalem. Schon beim Apostelkonzil zählte Titus zu den Begleitern des Paulus (Gal 2,1). Hier konnte der unbeschnittene Titus als lebendiges Beispiel für die Heidenmission gelten.

In der kirchlichen Tradition ist Titus der Empfänger des gleichnamigen Paulusbriefes. Paulus schreibt ihn, nachdem beide auf Kreta missioniert haben sollen. Titus blieb auf Kreta, während Paulus nach Griechenland weiterzog. In Kreta wird Titus bis heute als erster Bischof der Insel verehrt.

Die Legende berichtet, dass Titus im kretischen Ort Gortyna einen heidnischen Tempel durch seine Predigt zum Einsturz brachte. Ein Tempel wurde so zu seinem Attribut in der Kunst. Sein Gedenktag ist bei Katholiken und Evangelischen der 26. Januar, in der Ostkirche der 4. Januar und der 25. August.

Korinth, Apollon-Tempel

reist erneut nach Korinth, wo er drei Monate geblieben sein könnte (Apg 20,3). Dieser letzte Besuch fand ca. 55/56 n. Chr. statt.
Neben den bereits genannten Problemen beschäftigte die Frage nach dem Essen von Götzenopferfleisch die Gemeinde sehr. Bei kultischen Tieropfern blieb viel Fleisch übrig. Das wurde dann anschließend auf den Fleischmärkten der Stadt verkauft. Die Frage kam auf, ob die Christen dieses Fleisch essen dürften. Noch problematischer war die Frage nach der Teilnahme an Festessen in den Tempeln. Dort fanden auch private Familienfeiern statt. Paulus fordert hier vor allem Rücksichtnahme auf die im Glauben noch schwachen Gemeindeglieder. Diese Probleme konnten nur in heidenchristlichen Gemeinden auftreten. Für Judenchristen waren die Teilnahme an Mysterienkulten und das Essen von Götzenopferfleisch von vornherein ausgeschlossen.
Korinth galt auch als der Sündenpfuhl des antiken Griechenland, als Stadt der Prostitution. Dafür gab es im Griechischen ein eigenes Verb, aus dem Namen der Stadt gebildet. In der christlichen Gemeinde Korinths muss es den Fall gegeben haben, dass ein Gemeindemitglied eine Ehe mit der zweiten Frau seines Vaters eingegangen war. Auch das römische Recht hat dieses Verhalten verboten, das Paulus scharf verurteilte (1 Kor 5).
Probleme in der christlichen Ge-

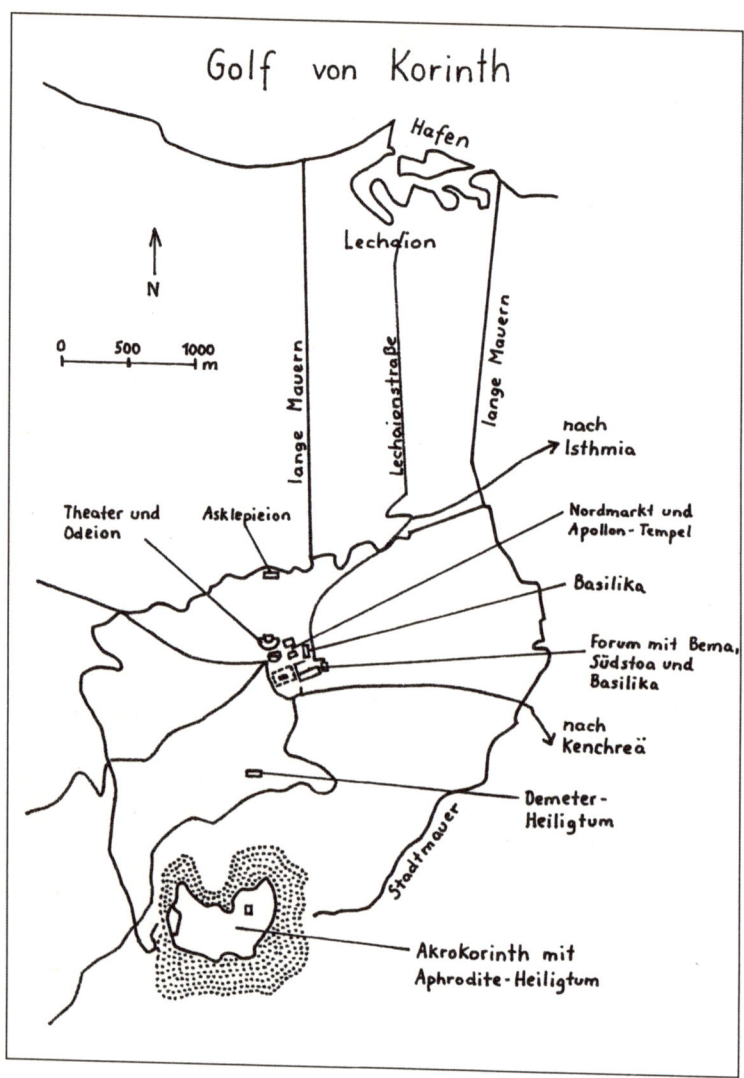

Korinth, Stadtplan

meinde Korinths gab es auch später noch. Der 1. Clemensbrief des Bischofs Clemens von Rom (um 50–97/101) an die Gemeinde in Korinth spricht auch um das Jahr 95 noch oder schon wieder von innergemeindlichen Streitigkeiten. Er enthält immerhin 65 Kapitel!

Ziemlich genau lässt sich das Stadtzentrum des antiken Korinth rekonstruieren. Das rechtwinklig angelegte Straßensystem mit dem Forum in der Mitte geht auf die römische Neugründung zurück. Eine große Straße von Nord nach Süd durchschnitt die Stadt, der nördliche Teil ist als Straße zum Hafen teilweise sehr gut erhalten.

Aus vorrömischer Zeit hat sich oberhalb des Forums, auf einer kleinen Anhöhe, ein archaischer Tempel aus dem 6. Jahrhundert v. Chr. erhalten. Von diesem Tempel, vielleicht Apoll geweiht, sind 7 von ehemals 38 Säulen erhalten. Er ist einer der ältesten erhaltenen Tempel Griechenlands. Nördlich davon befindet sich der Nordmarkt, ein rechteckiger Innenhof mit umlaufenden Säulenkolonnaden. Dahinter liegen 45 kleinere Räume, Geschäfte oder Werkstätten. Aquila und Priszilla könnten hier eine Werkstatt gehabt haben, in der auch Paulus gearbeitet hat.

Korinth, Läden an der Westseite des Forums

Südlich des Tempels liegt das römische Forum, der Mittelpunkt des öffentlichen Lebens, 100 x 165 Meter groß. Der jetzige Zustand geht auf das 2. Jahrhundert n. Chr. zurück. Eine Ladenstraße lief quer über das Forum und teilte es. In der Mitte dieser so genannten Zentralläden befand sich der Richterstuhl (Bema), vor den Paulus gebracht wurde. Gemeint ist wohl das noch heute im Zentrum des Forums zu sehende Podium mit einer über zwei Meter hohen Bühne. Die Erinnerung an diesen Ort blieb lange wach. Im 10. Jahrhundert erbaute man direkt über dem Podium eine kleine byzantinische Kirche.

Der größere Nordteil des Forums war Markt- und Handelsplatz mit kleinen Läden, der Südteil der städtischen Verwaltung vorbehalten. An der Nordseite des Forums sind Reste der Nordweststoa, einer hellenistischen Säulenhalle aus dem 3. vorchristlichen Jahrhundert erhalten. Südlich schließt sich eine Ladengalerie aus dem 1. vorchristlichen Jahrhundert an, davor ein 70 Meter langer überdachter Säulengang. Eine langgestreckte zweigeschossige Basilika folgt östlich, wohl ein Gerichtsgebäude aus derselben Zeit.

Sechs kleine Tempel aus dem 1./2. Jahrhundert n. Chr. nehmen die Westseite des Forums ein. Die gesamte Südseite beherrscht eine 165 Meter lange Stoa, im 4. Jahrhundert v. Chr. errichtet. Dahinter

Korinth, Die Prachtstraße zum Hafen Lechaion

Korinth, Mittelalterliche Burganlage Akrokorinth über der antiken Stadt

liegende Räume dienten wahrscheinlich als Tavernen. In einem nicht mehr zu sehenden zweiten Geschoss boten die Tavernen Gästen Unterkunft. Im 1. Jahrhundert n. Chr. erfolgte ein Umbau zum Rathaus (Bouleuterion). Weitere Räume waren für die Organisation der Isthmischen Spiele vorgesehen. Welche Aufgabe die dahinter liegende Südbasilika mit einem von Säulen umstandenen Innenhof erfüllte, ist unklar. Östlich an die Stoa schlossen sich Bibliothek oder Archiv des römischen Korinth und die Basilica Iulia an.

Auf dem Forum begann auch die etwa drei Kilometer lange Prachtstraße zum Hafen Lechaion. Sie wurde Ende des 1. Jahrhunderts n. Chr. prachtvoll ausgebaut. Heute ist ein kleiner Teil der 15 Meter breiten, marmorgepflasterten Straße freigelegt. Nach dem Erdbeben des Jahres 77 n. Chr. versah man die Straße mit überdachten Säulengängen. Die Reste eines rechteckigen, später umgebauten Marktgebäudes sind zu sehen.

Westlich des Nordmarktes befindet sich das vorrömische, etwa 15 000 Zuschauer fassende Theater. Es wurde mehrfach umgebaut, ist schlecht erhalten und teilweise wieder überwachsen.

Etwa 400 Meter nördlich des Forums, direkt an der Stadtmauer, lag das Asklepieion. Der kleine Tempel mit dem Altar vor der Eingangsfront im Osten war dem Heilgott Asklepios geweiht. Hinter dem Tempel lag das Abaton, eine lang gestreckte Halle, in der sich die Kranken zum Heilschlaf niederlegten. Die Tempelanlage geht auf das 4. Jahrhundert v. Chr. zurück.

Die heutige Gestalt erhielt der Burgfelsen Akrokorinth im Mittelalter, der Kern der Anlage aber stammt aus vorchristlicher Zeit. Recht steil steigt die Straße nach Akrokorinth an und führt vorbei an einem Heiligtum für Demeter und

Persephone (6. Jahrhundert v. Chr. bis 4. Jahrhundert n. Chr.) sowie an weiteren Tempeln. Auf dem Burgberg selbst befindet sich ein antiker Aphroditetempel, ein relativ kleiner Bau (10 x 13 Meter), der im 5. Jahrhundert in eine christliche Basilika umgewandelt wurde. Von hier oben hat man einen sehr schönen Ausblick auf den Isthmos.

Zu erwähnen sind ferner die beiden Häfen Korinths. Die Hafenanlagen von Lechaion liegen vier Kilometer vom Forum entfernt. Seit dem 5. Jahrhundert v. Chr. sind sie durch lange Mauern mit Korinth verbunden. Lechaion entwickelte sich immer mehr zu einer Vorstadt. Heute sind die Hafenanlagen völlig verlandet. Bisher ist nicht viel ergraben worden. Kaum vorstellbar, dass Lechaion einst drittgrößter Hafen des Römischen Reiches war, nach Ostia und Cäsarea. Besonders sehenswert ist eine im 5. Jahrhundert n. Chr. erbaute riesige Basilika, ganz in der Nähe der Hafenanlagen. Die Bischofskirche war Bischof Leonides von Korinth geweiht, ein Märtyrer in den Christenverfolgungen unter Kaiser Decius (249–251). Mit 180 Metern Länge war sie die größte Kirche Griechenlands, nur wenig kleiner als der Petersdom in Rom. Ein Erdbeben im Jahre 551 zerstörte die Basilika.

Kenchreä, der zweite Hafen Korinths, lag neun Kilometer östlich am Saronischen Golf. Hier hat Paulus die Rückreise nach Syrien angetreten. *Paulus blieb noch längere Zeit. Dann verabschiedete er sich von den Brüdern und segelte zusammen mit Priszilla und Aquila nach Syrien ab. In Kenchreä hatte er sich aufgrund eines Gelübdes den Kopf kahl scheren lassen* (Apg 18,18f.). Auch in Kenchreä gab es eine christliche Gemeinde, wahrscheinlich eine Tochtergemeinde von Korinth. Im Römerbrief nennt Paulus *Phöbe, die Dienerin der Gemeinde von Kenchreä* (Röm 16,1). Die zwei antiken Hafenmolen liegen heute größtenteils unter Wasser. Die größere südliche Mole wurde von einem 150 Meter langen Gebäudekomplex beherrscht, der vor allem aus Lagerhäusern bestand, aber auch ein großes Isis-Heiligtum befand sich dort. Eine 400 Meter lange Hafenpromenade säumten in der Antike zahlreiche Geschäfte und Tavernen.

Einige Kilometer nordöstlich von Kenchreä lag auf der Ostseite des Isthmos der Ort Isthmia, nach dem die gleichnamigen antiken Wettkämpfe benannt worden sind.

CÄSAREA
Auf dem Weg nach Rom

So fuhren wir von Tyrus ab und beendeten unsere Seereise in Ptolemaïs. Wir begrüßten die Brüder und blieben einen Tag bei ihnen. Am folgenden Tag kamen wir nach Cäsarea. Wir gingen in das Haus des Evangelisten Philippus, der einer von den Sieben war, und blieben bei ihm. Er hatte vier Töchter, prophetisch begabte Jungfrauen.
Wir blieben mehrere Tage. Da kam von Judäa ein Prophet namens Agabus herab und besuchte uns. Er nahm den Gürtel des Paulus, band sich Füße und Hände und sagte: So spricht der Heilige Geist: Den Mann, dem dieser Gürtel gehört, werden die Juden in Jerusalem ebenso fesseln und den Heiden ausliefern. Als wir das hörten, redeten wir ihm zusammen mit den Einheimischen zu, nicht nach Jerusalem hinaufzuziehen. Doch Paulus antwortete: Warum weint ihr und macht mir das Herz schwer? Ich bin bereit, mich in Jerusalem für den Namen Jesu, des Herrn, fesseln zu lassen und sogar zu sterben. Da er sich nicht überreden ließ, gaben wir nach und sagten: Der Wille des Herrn geschehe.

Apostelgeschichte 21,7-14

Auf halbem Wege zwischen Tel Aviv und Haifa liegt die in Antike und Kreuzfahrerzeit wichtige Hafenstadt Cäsarea. Im 4. Jahrhundert v. Chr. legten die Phönizier einen Hafen und eine Ansiedlung an, der sie den Namen „Stratons Turm" („Turris Stratonis") gaben. Das Siedlungsgebiet lag wahrscheinlich nördlich der Stadt der Kreuzfahrer. Alexander der Große (356–323 v. Chr.) eroberte Palästina 332 v. Chr., jetzt lebten vor allem Griechen in der Stadt. Im Jahre 64 v. Chr. kam das Land unter römische Herrschaft.

Die große antike Stadt Cäsarea wurde in den Jahren 22 bis 10 v. Chr. erbaut. Den Namen wählte Herodes der Große (37 v. Chr.–4 n. Chr.), der Bauherr der Stadt, aus. Er wollte damit seine Verehrung für den römischen Kaiser Augustus (63 v. Chr.–14 n. Chr.) deutlich machen. Herodes machte Cäsarea zu einer ansehnlichen Stadt mit einem verkehrsreichen Hafen, in der Juden und Nichtjuden lebten. Eine Stadtmauer und ein Augustustempel, Palastanlagen und ein Hippodrom, gute Wasserversorgung und große Bäder zeichneten Cäsarea aus.

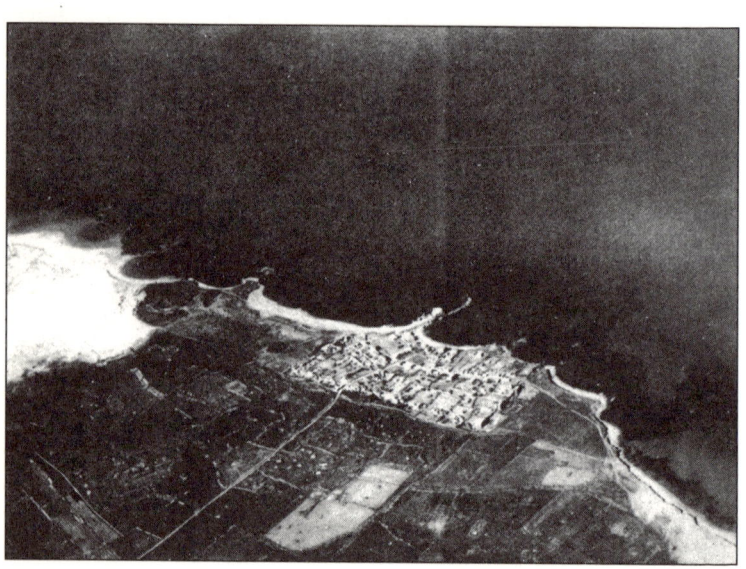

Cäsarea Maritima, Luftbild

Nachdem Judäa römische Provinz geworden war, residierten die römischen Prokuratoren in der Stadt, so auch 26 bis 36 Pontius Pilatus und 52 bis 60 Marcus Antonius Felix, der Paulus zwei Jahre gefangen hielt. In Cäsarea brach im Jahr 66 der jüdische Aufstand aus, der zum Untergang Jerusalems führte. Streitigkeiten zwischen Juden und Griechen waren der Auslöser. Das römische Heer rief in der Stadt drei Jahre später Vespasian (9–79) zum Kaiser aus. Zum Dank erhob er die Stadt zur römischen Kolonie.

Die Gründung einer christlichen Gemeinde erfolgte durch den Apostel Philippus im 1. Jahrhundert (Apg 8,40). Petrus taufte in Cäsarea erstmals einen Heiden, den Hauptmann Kornelius (Apg 10,1-48). Bereits im 2. Jahrhundert – Cäsarea hatte etwa 125 000 Einwohner – war die Stadt Bischofssitz. Origenes (185–254), nicht unumstrittener Kirchenvater, lehrte in der Stadt. Und der Begründer der Kirchengeschichtsschreibung, Eusebius (260/64–337/40), wurde wohl in Cäsarea geboren und war auch Bischof der Stadt.

Nach der arabischen Eroberung 637 versanken Stadt und Hafen in der Bedeutungslosigkeit. Auch die Kreuzfahrer, die 1101 nach Cäsarea kamen, schenkten der Stadt zunächst keine Beachtung. Erst 1254 erfolgte eine Neubefestigung, die aber nur einen Bruchteil des antiken Stadtgebietes umschloss. Schon 1265 eroberten die Mamelucken Cäsarea, der Hafen verlandete vollends.

In der Nähe der Ruinen wurde 1940 der Kibbuz Sedot Yam gegründet. Die bis heute noch nicht abgeschlossene archäologische Erforschung begann 1951.

Paulus war mehrfach in Cäsarea. Nicht lange nach seiner Berufung zum Apostel in Damaskus kam Paulus auf dem Weg von Jerusalem nach Tarsus erstmals in die Hafenstadt (Apg 9,30). Am Ende seiner zweiten Missionsreise segelte er von Korinth über Ephesus nach Cäsarea, um aber sofort weiter nach Jerusalem zu gehen. Und auch seine dritte Reise führte ihn wieder nach Cäsarea. Die Gemeinde will Paulus aber nicht nach Jerusalem weiterziehen lassen, weil ihm dort die Gefangennahme prophezeit wird. Paulus jedoch setzte sich durch und wanderte weiter nach Jerusalem.

Doch trotz seiner Gefangensetzung in Jerusalem blieb die Lage bedrohlich, so dass der römische Kommandant Paulus nach Cäsarea überstellte. Paulus wurde dem

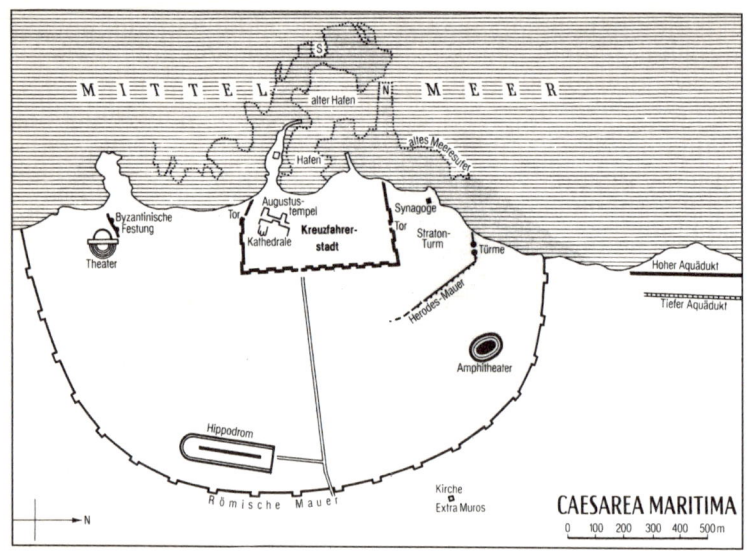

Cäsarea Maritima, Stadtplan

Statthalter Marcus Antonius Felix vorgeführt und verteidigte sich gegen die Anklagen der Juden. Trotzdem blieb er zwei Jahre lang in Haft. Vor Porcius Festus († 62), dem Nachfolger des Felix, berief sich Paulus als römischer Bürger auf den Kaiser in Rom. Nochmals sprach Paulus vor Festus, König Herodes Agrippa II. (27–nach 93) und dessen Schwester Berenike (um 28–nach 79), die den Statthalter in Cäsarea besuchten. Sie fanden keine Schuld an ihm. Ohne die ausgesprochene Berufung auf den Kaiser könnte er freigelassen werden. So aber wurde Paulus auf dem Seeweg nach Rom geschickt.

Man biegt von der Straße Tel Aviv – Haifa links nach Cäsarea ab. Schon bei der Einfahrt in das Gelände der antiken Stadt erkennt man links das überwachsene, bis heute noch nicht ausgegrabene Gelände des Hippodroms. Etwa 20 000 Zuschauer hatten in der 230 Meter langen und 80 Meter breiten Anlage Platz.

Nur rund 200 Meter weiter, auf der linken Seite, finden sich Reste einer

Geschäftsstraße aus byzantinischer Zeit. Cäsarea war geprägt durch gepflasterte, von Säulen gesäumte Straßen, die eine schachbrettartige Anordnung aufweisen.
Nächste Sehenswürdigkeit ist die Stadtmauer der Kreuzfahrer, die durch Bastionen verstärkt wurde. Für den Ausbau der Stadt verwendeten sie teilweise antikes Material.
Im Inneren des Festungsbereiches steigt das Gelände an. Reste des herodianischen Augustus-Tempels und der antiken Kanalanlagen sind zu besichtigen. Ganz in der Nähe stand die dem Apostel Paulus geweihte Kreuzfahrerkathedrale, deren Vorgängerbau eine byzantini- sche Klosterkirche war. Das heute sichtbare Hafenbecken wurde erst in der Kreuzfahrerzeit angelegt.
Nahe dem herodianischen Südwall, südlich der Kreuzfahrerstadt, ist das römische Theater zu sehen, das 4000 Personen

Cäsarea Maritima, Ruinen mit den Fundamenten des Tempels des Augustus und der Roma am Hafen

Cäsarea Maritima, Aquädukt

Platz bot. Im Eingangsbereich steht die Kopie eines dort gefundenen Steins mit der Namensinschrift des Prokurators Pontius Pilatus. Von den Zuschauerrängen des restaurierten Theaters blickt man in Richtung Meer.

Ein weiteres Denkmal aus der Zeit des Herodes findet man nördlich der antiken Stadt. Heute teilweise vom Dünensand bedeckt ist ein Aquädukt. Etwa 6 Kilometer sind erhalten. Damit war die Wasserversorgung der Stadt sichergestellt. Ausgangspunkt des Aquäduktes war das 20 Kilometer weiter nördlich gelegene Karmelgebirge. Teilweise lief das Wasser auch durch den Felsen und durch Röhren. Ganz in der Nähe der Wasserleitung, am Meeresufer, entdeckten Archäologen 1956 eine Synagoge. Gebäudereste, Bruchstücke von Mosaiken und mit siebenarmigen Leuchtern verzierte Marmorkapitelle wurden gefunden.

MALTA
Rettung aus Seenot

Als wir gerettet waren, erfuhren wir, dass die Insel Malta heißt. Die Einheimischen waren uns gegenüber ungewöhnlich freundlich; sie zündeten ein Feuer an und holten uns alle zu sich, weil es zu regnen begann und kalt war. Als Paulus einen Haufen Reisig zusammenraffte und auf das Feuer legte, fuhr infolge der Hitze eine Viper heraus und biss sich an seiner Hand fest. Als die Einheimischen das Tier an seiner Hand hängen sahen, sagten sie zueinander: Dieser Mensch ist gewiss ein Mörder; die Rachegöttin lässt ihn nicht leben, obwohl er dem Meer entkommen ist. Er aber schleuderte das Tier ins Feuer und erlitt keinen Schaden. Da erwarteten sie, er werde anschwellen oder plötzlich tot umfallen. Als sie aber eine Zeit lang gewartet hatten und sahen, dass ihm nichts Schlimmes geschah, änderten sie ihre Meinung und sagten, er sei ein Gott.
In jener Gegend lagen Landgüter, die dem Publius, dem Ersten der Insel, gehörten; er nahm uns auf und bewirtete uns drei Tage lang freundlich als seine Gäste. Der Vater des Publius lag gerade mit Fieber und Ruhr im Bett. Paulus ging zu ihm hinein und betete; dann legte er ihm die Hände auf und heilte ihn. Daraufhin kamen auch die anderen Kranken der Insel herbei und wurden geheilt. Sie erwiesen uns viele Ehren, und bei der Abfahrt gaben sie uns alles mit, was wir brauchten.
Apostelgeschichte 28,1-10

Der maltesische Archipel besteht aus den drei Hauptinseln Malta, Gozo und Comino sowie einigen unbewohnten Felseninseln. Um 6200 v. Chr. erfolgte die erste Besiedlung. Ursprünglich mehr als 23 Tempelbauten zeugen von der hohen Entwicklungsstufe, die Maltas Bewohner bereits in der Jungsteinzeit erreicht hatten. Aus bis heute ungeklärten Gründen war Malta ab etwa 2500 v. Chr. unbewohnt. Rund 500 Jahre später kamen neue Siedler auf die Inseln, wahrscheinlich aus Sizilien.

Phönizier legten um 1100 v. Chr. einen Stützpunkt auf der Insel an, der sie den Namen Malet (Zufluchtsort) gaben. Nach rund 200 Jahren übernahm Karthago die Insel als Außenposten seines Reiches. Im 2. Punischen Krieg lösten schließlich die Römer die Karthager als Herren von Malta ab. Caesar (100–44 v. Chr.) begann 45 v. Chr. mit der Ansiedlung römischer Vete-

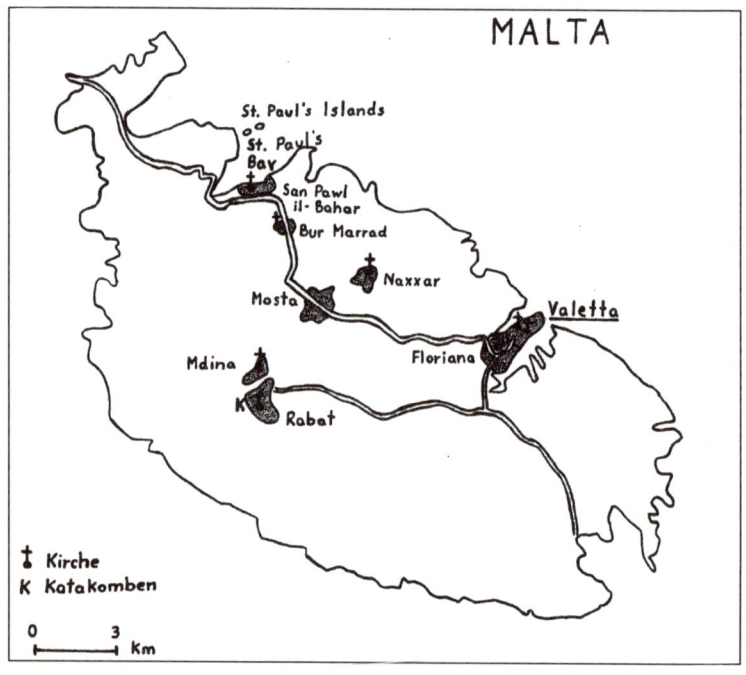

Malta, Übersichtskarte der Paulusstätten

ranen, die punische Bevölkerung wurde nach und nach romanisiert. Der Besuch des Paulus, bis heute für die Inselbevölkerung das zentrale Ereignis ihrer Geschichte, wird etwa um die Jahre 58 bis 60 angesetzt. Seit der Mitte des 4. Jahrhunderts verstärkte sich der Einfluss des Christentums.

Nach den Wirren der Völkerwanderungszeit übernahmen 533 die Byzantiner die Herrschaft. Sie konnten Malta bis 870 behaupten. Dann eroberten Araber die Insel und töteten die gesamte christliche Bevölkerung.

Roger I. (1031–1101), normannischer König Siziliens, nahm Malta 1091 ein, das Christentum wurde restituiert. Aber weiterhin stellten Muslime die Bevölkerungsmehrheit. Seit 1168 ist ein maltesischer Bischof bezeugt, der aber zunächst noch in Sizilien residierte. Nach einem französischen Intermezzo fiel Malta 1284 an das Königreich Aragon.

Immer wieder hatten Malta und Gozo unter muslimischen Überfällen zu leiden. Viele Bewohner wurden getötet und verschleppt, oft konnten nur die stark befestigten Inselhauptstädte gehalten werden. Kaiser Karl V. (1500–1558) wies den gänzlich verwahrlosten und verödeten Archipel 1525 den aus Rhodos vertriebenen Rittern des Johanniterordens zu, die nun auch die Bezeichnung Malteser erhielten. Doch türkische Angriffe und Überfälle muslimischer Piraten setzten sich fort. 1565 landete ein großes türkisches Herr von etwa 40 000 Mann auf Malta, dem nur rund 10 000 Verteidiger entgegentreten konnten. Doch die dreimonatige, für beide Seiten äußerst verlustreiche Belagerung brachte den Türken keinen Erfolg. Beim Anrücken eines Entsatzheeres aus Sizilien verließen die Türken Malta.

Nach der erfolgreich abgewehrten Belagerung wurde 1566 die strategisch günstig gelegene und gut befestigte neue Hauptstadt Valetta gegründet, die den Namen des Großmeisters Jean Parisot de la Valette (1494–1568) erhielt. Die siegreiche Verteidigung Maltas brachte ihm den Beinamen „Schutzschild Europas" ein. Weitere Überfälle bis zur Mitte des 17. Jahrhunderts waren nicht mehr so verheerend.

Napoleon (1769–1821) landete 1798 mit einem Heer auf seinem Ägyptenfeldzug auf Malta, aber die französische Herrschaft beendeten schon zwei Jahre später die Engländer. Malta wurde 1814 britische Kronkolonie, 1921 gewährte Großbritannien den Maltesern weitgehende Selbstverwaltung. Im Zweiten Weltkrieg hatte die strategisch wichtige Insel sehr stark unter italienischen und deutschen Luftangriffen zu leiden. Das Jahr 1964 brachte Malta die Unabhängigkeit, und 2004 trat die Inselrepublik der Europäischen Union bei.

Heute leben etwa 400 000 Menschen auf Malta, von denen 98 Prozent der römisch-katholischen Kirche angehören. Der Katholizismus ist Staatsreligion. Malta ist Erzbistum, dem das Suffraganbistum Gozo zugeordnet ist. Besondere arbeitsfreie Feiertage des Landes sind der 10. Februar (Schiffbruch des Paulus) und der 29. Juni (Peter und Paul).

Auf dem Weg nach Rom geriet das Schiff, auf dem Paulus mit seinen Begleitern reiste, in einen starken Herbststurm. Zwei Wochen lang trieb das manövrierunfähige Schiff auf dem Meer, bis wieder Land in Sicht kam. Eine Sandbank machte die Weiterfahrt unmöglich. Alle Seeleute und Passagiere konnten gerettet werden und erfuhren, dass sie auf Malta gestrandet waren. Man lokalisierte den Ort des Schiffbruchs in der St. Paul's Bay im Norden der Insel.

Heute ist umstritten, ob Paulus in Malta gestrandet ist. Den lateinischen Namen „Melite" trugen in

Malta, Blick von Valetta über den Großen Hafen

der Antike auch andere Inseln. Strömungs- und Windverhältnisse im Mittelmeer lassen eine Landung in Malta nicht wahrscheinlich erscheinen. Und die Apostelgeschichte berichtet davon, wie die Insassen des Schiffes *schon die vierzehnte Nacht auf der Adria trieben* (Apg 27,27). Doch schon in der Antike wurde der noch heute so bezeichnete Teil des Mittelmeeres Adria genannt, der weit entfernt von Malta liegt. Auch die kroatische Insel Mljet erhebt Anspruch darauf, den gestrandeten Apostel aufgenommen zu haben.

Neu ist die Theorie, dass die westgriechische Insel Kephalonia den Schiffbrüchigen Zuflucht geboten haben soll. Die Strömungsverhältnisse und auch die Beschreibung der geographischen Gegebenheiten der Insel sprechen dafür.

Letztlich muss ungeklärt bleiben, auf welcher Insel der Apostel Paulus die Reise nach Rom unterbrechen musste. Bis heute ist aber die Paulus-Verehrung auf Malta ungebrochen.

Den Schiffbrüchigen wurde von der Bevölkerung ein freundlicher Empfang zuteil. Einen Schlangenbiss überstand Paulus unversehrt. Er wurde Gast des Publius, der wohl römischer Statthalter auf der Insel war. Paulus heilte seinen Vater und auch viele andere Kranke. Der Apostel stand bei der Bevölkerung in hohem Ansehen, als er die Insel wieder verlassen musste. Publius wird in Malta als Heiliger und erster Bischof verehrt. Andere Überlieferungen kennen ihn als Bischof von Athen, der als Märtyrer unter Kaiser Trajan (53–117) um 112 starb.

Viele Kirchen und Kapellen auf Malta werden mit Paulus in Verbindung gebracht.
Am westlichen Ende der St. Paul's Bay, dem Ort des Schiffbruches, liegen die St. Paul's Islands. Diese zwei unbewohnten Inselfelsen ragen etwa 100 Meter vor der Küste Maltas aus dem Meer. Die größere der beiden Inseln trägt den maltesischen Namen Selmunett, dort steht eine 1845 aufgestellte zwölf Meter hohe Statue des Apostels aus weißem Marmor.

Heute wird die St. Paul's Bay, eines der großen Fremdenverkehrszentren Maltas, von einem dichten Siedlungsgürtel umrahmt. Nur in San Pawl il-Bahar (maltesisch für St. Paul's Bay) gibt es einen gewachsenen Ortskern mit kleinem Fischerhafen. Die Pfarrkirche im Zentrum ist Paulus geweiht.

Auf einem Plateau im westlichen Teil Maltas liegt Mdina, die alte

Malta, Peter-Pauls-Kathedrale in der alten Hauptstadt Mdina

Hauptstadt. Ihren Namen bekam die Stadt von den Sarazenen. Sie reduzierten die besiedelte Fläche auf die Zitadelle, arabisch Mdina. Nach der Gründung der neuen Hauptstadt Valetta verlor Mdina an Bedeutung. Heute leben noch etwa 400 Menschen innerhalb der Stadtmauern. Die gesamte Altstadt ist hervorragend restauriert.

An der Ostseite des St. Paul's Square steht die barocke Kathedrale, die den Aposteln Paulus und Petrus geweiht ist. Die Kirche vom Ende des 17. Jahrhunderts ist das Meisterwerk des maltesischen Architekten Lorenzo Gafà (1630/38–1703/04). Vorgängerbauten reichen bis ins 4. Jahrhundert zurück. 1693 zerstörte ein Erdbeben die normannische Kirche des 12. Jahrhunderts. Nach lokalen Traditionen wurde die Kirche über dem Wohnhaus des Publius erbaut. Im Dom sind die Arbeiten des Malers Mattia Preti (1613–1699) sehenswert. Hinter dem Hauptaltar in der Apsis ist das Fresko „Schiffbruch des hl. Paulus" zu sehen. Es überstand das Erdbeben ebenso wie das Altarbild „Bekehrung des hl. Paulus". Auch die Gewölbefelder zeigen Szenen aus dem Leben der beiden Apostel Petrus und Paulus (1794).

Verbunden mit Mdina ist die etwa 11 000 Einwohner zählende Stadt Rabat. Auch dieser Name kommt aus der arabischen Sprache und bedeutet „Vorort". Heute ist die Stadt das wirtschaftliche Zentrum der westlichen Inselhälfte.

Am Rande der Parkanlagen, die Rabat mit Mdina verbinden, hat man eine römische Villa aus dem 1. Jahrhundert n. Chr. ausgegraben. Ein Museumsbau schützt die Fundamente des ehemaligen Stadthauses. Gut erhalten ist ein Fußbodenmosaik, das ehemals das Atrium des Hauses zierte.

Von der römischen Villa führt die St. Paul's Street zur St. Paulus-Kirche. Unter Leitung von Lorenzo Gafà wurde die mehrfach umgebaute Kirche im ausgehenden 17. Jahrhundert über den Grundmauern des Vorgängerbaus errichtet. Das Altarbild von Stefano Erardi (1650–1733) zeigt die Szene, in der Paulus die Schlange, die ihn gebissen hatte, ins Feuer schleudert. Integriert in die Kirche ist die von einem Eremiten bereits 1617 gebaute Publius-Kapelle. Links vom Altar sieht man einen aus Gold gearbeiteten Arm, der eine Paulus-Reliquie enthalten soll. Von der Kapelle gelangt man hinunter in die Krypta und die daneben liegende Paulusgrotte. Die örtliche Legende berichtet, dass Paulus in dieser Grotte gefangen gehalten wurde. Eine lebensgroße Marmorstatue erinnert daran. Paulus soll in dieser Grotte Publius zum Bischof geweiht haben.

Die Katakomben von St. Paul, südwestlich der Kirche, sind die größten in Rabat. Es ist ein typischer

Malta, St. Paulus-Kirche in Rabat

Komplex von unterirdischen, miteinander verbundenen römischen Friedhöfen der Spätzeit (4. bis 6. Jahrhundert). Wahrscheinlich handelt es sich um eine gewachsene, keine planmäßige Anlage. Ursprünglich lagen die Katakomben vor den Toren des römischen Mdina. Hier finden sich die frühesten und größten archäologischen Belege für das Christentum auf Malta. Eine imposante Halle bildet das Zentrum. In Nischenwölbungen sind noch zwei Tische zu erkennen, die wohl für Agapefeiern benutzt worden sind. Von der zentralen Halle führen zwei Stufen zu einer etwas tiefer gelegenen Kapelle hinab. Eine Vielzahl von verwinkelten Gängen verbindet die einzelnen Grabgalerien. Wenige Wandgemälde sind noch erhalten.

Valetta wurde 1566 von den Ordensrittern gegründet. Bereits fünf Jahre später verlegten sie ihr Hauptquartier in die neue Hauptstadt.

Die Ursprünge der Collegiate Parish Church of St. Paul's Shipwreck (St. Lucia Street) liegen in den siebziger Jahren des 16. Jahrhunderts. Ein Neubau erfolgte durch Lorenzo Gafà, die Fassade wurde 1885

Malta, Katakomben in Rabat

Malta, Stadtansicht von Valetta

neu aufgebaut. Bei der Kirche handelt es sich um eine der bedeutendsten Maltas. Sie beherbergt ein prächtiges Altarbild des italienischen Malers Matteo Perez d'Aleccio (1547–1616). Lorenzo Gafà errichtete Chor und Kuppel, sein Bruder Melchiore Gafà (1636–1667) schnitzte 1657 eine Statue des Apostels Paulus. In der St. Josephs-Kapelle, rechts vom Hauptaltar, werden Paulus-Reliquien aufbewahrt.

Eine weitere Kirche Valettas ist dem Apostel Paulus geweiht, die Anglican Pro-Cathedral of St. Paul (Independence Square). Sie wurde zwischen 1839 und 1844 erbaut, bis dahin gab es im englischen Malta kein anglikanisches Gotteshaus. Vorher stand hier die Auberge d'Allemagne, die Herberge der deutschen Ordensritter. Hervorzuheben ist der 65 Meter hohe Kirchturm. Er zeichnet sich in der Silhouette der Stadt deutlich ab. Ziemlich nüchtern ist die neoklassizistische Innenausrichtung. Die Kirche ist eine der Pro-Kathedralen des anglikanischen Bistums von Europa.

Katholische Gottesdienste in deutscher Sprache werden jeden Sonntag in der St. Barbara Church (Republic Street) gefeiert.

In Floriana, einem Vorort Valettas, steht die Pfarrkirche St. Publius. Die 1733 bis 1768 errichtete Kirche erhebt sich am St. Publius Square. Nur wenige Jahre nach Vollendung der Bauarbeiten wurde das Gotteshaus nach Westen erweitert, die Fassade 1771 davor gesetzt. Namensgeber der Kirche ist der einstige in der Bibel erwähnte Statthalter der Insel.

Bur Marrad ist ein kleines Dorf im Norden Maltas. Westlich oberhalb auf einem Bergrücken steht eine kleine Paulus-Kapelle, St. Pawl Milqi (deutsch: „Der heilige Paulus ist willkommen"). Nach einer lokalen Tradition traf Paulus hier nach seinem Schiffbruch erstmals auf den Statthalter Publius. Unter den Fundamenten der 1616 bis 1622 erbauten Kapelle fanden Archäologen die Reste eines römischen Landhauses sowie von drei älteren Kapellen. Auch Vorrichtungen zur Ölgewinnung sind noch zu erkennen. Die Kapelle kann nur nach vorheriger telefonischer Anmeldung bei der maltesischen Denkmalbehörde besichtigt werden.

Nicht weit entfernt von der Stadt Mosta liegt das Dorf Naxxar. Nördlich des Zentrums im Ortsteil San Pawl Tat-Targa steht eine kleine Kapelle aus dem 17. Jahrhundert. Eine Paulusstatue (1770) erinnert daran, das Paulus auch hier gepredigt haben soll.

ROM
Das Martyrium des Apostels

Drei Monate später fuhren wir mit einem alexandrinischen Schiff ab ... und so kamen wir ... nach Puteoli. Hier trafen wir Brüder; sie baten uns, sieben Tage bei ihnen zu bleiben. Und so kamen wir nach Rom. Von dort waren uns die Brüder, die von uns gehört hatten, bis Forum Appii und Tres Tabernae entgegengereist. Als Paulus sie sah, dankte er Gott und fasste Mut.
Nach unserer Ankunft in Rom erhielt Paulus die Erlaubnis, für sich allein zu wohnen, zusammen mit dem Soldaten, der ihn bewachte. Drei Tage später rief er die führenden Männer der Juden zusammen. Als sie versammelt waren, sagte er zu ihnen: Brüder, obwohl ich mich nicht gegen das Volk oder die Sitten der Väter vergangen habe, bin ich von Jerusalem aus als Gefangener den Römern ausgeliefert worden. Diese haben mich verhört und wollten mich freilassen, da nichts gegen mich vorlag, worauf der Tod steht. Weil aber die Juden Einspruch erhoben, war ich gezwungen, Berufung beim Kaiser einzulegen, jedoch nicht, um mein Volk anzuklagen. Aus diesem Grund habe ich darum gebeten, euch sehen und sprechen zu dürfen. Denn um der Hoffnung Israels willen trage ich diese Fesseln. Sie antworteten ihm: Wir haben über dich weder Briefe aus Judäa erhalten, noch ist einer von den Brüdern gekommen, der uns etwas Belastendes über dich berichtet oder erzählt hätte. Wir wünschen aber von dir zu hören, was du denkst; denn von dieser Sekte ist uns bekannt, dass sie überall auf Widerspruch stößt.

... Die einen ließen sich durch seine Worte überzeugen, die anderen blieben ungläubig. ...

Er blieb zwei volle Jahre in seiner Mietwohnung und empfing alle, die zu ihm kamen. Er verkündete das Reich Gottes und trug ungehindert und mit allem Freimut die Lehre über Jesus Christus, den Herrn, vor.

Apostelgeschichte 28,11-31

Einer antiken Sage zufolge wurde Rom im Jahr 753 v. Chr. von den Zwillingsbrüdern Romulus und Remus gegründet. Bereits um das Jahr 50 v. Chr. lebten rund 500 000 Menschen in der Hauptstadt des Römischen Reiches. Rom ist die älteste ohne Unterbrechung besiedelte Stadt der Welt.

Um das Jahr 50 bildete sich eine christliche Gemeinde. Sie ist der Adressat des um 56/57 wohl in Korinth verfassten Römerbriefes des Apostels Paulus. Die Überlieferung berichtet, dass neben Paulus auch Petrus in Rom predigte. Eine persönliche Begegnung beider Apostel in der Stadt scheint eher unwahrscheinlich zu sein. Nach dem verheerenden Stadtbrand am 19. Juli 64 suchte Kaiser Nero Schuldige, die er der Öffentlichkeit präsentieren konnte, weil er vom Volk für den Brandstifter gehalten wurde. Da die Christen zurückgezogen lebten und ihre Gottesdienste nicht frei zugänglich waren, unterstellte man ihnen Hass auf die gesamte Menschheit. Wahrscheinlich starben in der nun einsetzenden Christenverfolgung Pe-

Rom, Kolosseum. Im 2. und 3. Jahrhundert fanden hier viele Christen den Tod.

Rom, Forum Romanum

trus und Paulus als Märtyrer. Aber auch eine Hinrichtung des Paulus bereits zwischen 60 und 62 ist nicht ausgeschlossen. Seit dem 2. Jahrhundert ist die Verehrung ihrer Gräber bezeugt. Viele Christen fanden den Tod in der Arena.

In den ersten drei Jahrhunderten haben die Christen ihre Gottesdienste in Privathäusern abgehalten. Aber die Kultstätten des 2. und 3. Jahrhunderts konnten bisher noch nicht lokalisiert werden. Nur Reste eines großen Baus unter der Kirche S. Crisogono in Trastevere lassen an einen entsprechenden Versammlungsort denken.

Wohl schon im 1. nachchristlichen Jahrhundert zählte Rom eine Million Einwohner. Die Völkerwanderungszeit brachte der Stadt mehrere schwere Plünderungen. In den folgenden Jahrhunderten schwächte sich der byzantinische Einfluss immer mehr ab, bis Kaiser Karl der Große (742–814) dem Papsttum zu neuem Ansehen verhalf. Rom wurde Hauptstadt des Kirchenstaates, der mit einer kurzen Unterbrechung im Zeitalter Napoleons bis 1870 bestand. Zeiten der Blüte und des Verfalls wechselten sich in Rom ab. Um 1400 lebten in der von zahllosen Ruinen geprägten Stadt nur

Rom, Über die Via Appia kam Paulus nach Rom

und Zentrum der römisch-katholischen Christenheit.

Die Erzählung des Lukas über den Aufenthalt des Apostels Paulus in Rom weiß nichts von einem gewaltsamen Ende. Lukas beendet seine Apostelgeschichte mit den Worten: *Er blieb zwei volle Jahre in seiner Mietwohnung und empfing alle, die zu ihm kamen. Er verkündete das Reich Gottes und trug ungehindert und mit allem Freimut die Lehre über Jesus Christus, den Herrn, vor.* Aber in der Abschiedsrede des Paulus in Milet (Apg 20,17-38, besonders 22-25) setzt Lukas bereits deutlich ein gewaltsames Ende des Apostels voraus.

Paulus hatte sich in Cäsarea auf den Kaiser berufen.

noch 20 000 Menschen. Die Anziehungskraft Roms als Wallfahrtsort spielte seit dem Mittelalter eine große Rolle.

Seit 1871 ist Rom die Hauptstadt des vereinigten Italien. Heute leben hier etwa 3 Millionen Einwohner. Mit dem Vatikan, seit 1929 unabhängiger Kleinstaat im Stadtgebiet, ist Rom zugleich Sitz der Päpste

Nach seiner Ankunft in Rom um das Jahr 60 spricht Lukas von zwei Jahren, die Paulus in einer gemieteten Wohnung zubrachte. Man muss von einem Soldaten ausgehen, der ihn bewachte. Allzu streng war diese Bewachung nicht, denn Paulus konnte sowohl Besuch empfangen als auch predigen. Der Prozess fand wohl vor dem Gardeprä-

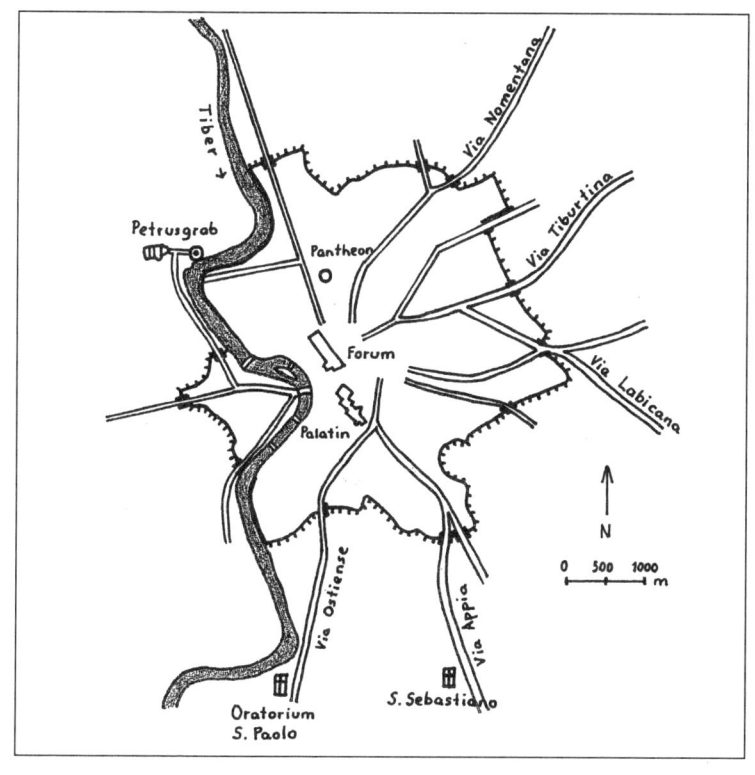

Rom, Orientierungsplan

fekten (Praefectus praetorio) des Kaisers statt, der in Sachen Appellationsgericht die Rechtsprechung für den Kaiser wahrnahm. Bei einer Verurteilung in einem regulären Prozess hatte Paulus wie jeder andere römische Bürger auch das Recht, durch das Schwert hingerichtet zu werden. So kann Paulus vor den Toren der Stadt im Bereich der Porta Viminalis und der Porta Tiburtina hingerichtet worden sein.

Ein sehr frühes Zeugnis über das Ende der beiden Apostel findet sich im 1. Clemensbrief. Verfasser ist Bischof Clemens von Rom (um 50–97/101). Der Brief wird in die 90er

Jahre des 1. Jahrhunderts datiert. Darin heißt es: „Petrus, der als Opfer ungerechten Eifers nicht ein oder zwei, sondern eine ganze Anzahl von Beschwerden ertragen hat und danach als Bekenner zu dem ihm gebührenden Ruhmesplatz hingegangen ist. Um bösen Eifers und Streites willen wurde Paulus mit dem Siegespreis der Ausdauer gekrönt, er, der siebenmal Fesseln getragen, Flüchtling gewesen, mit Steinigung bestraft, als Herold gewirkt hat in Ost und West – er hat herrlichen Ruhm für seinen Glauben erlangt. Als er die ganze Welt Gerechtigkeit gelehrt hatte, bis zur Grenze des Westens gelangt war und vor den Machthabern sein Bekenntnis abgelegt hatte, war er von der Welt befreit und an die heilige Stätte aufgenommen – das größte Vorbild der Ausdauer ist er geworden." (Kapitel 5,4-7).

Paulus dürfte Rom nach seiner Ankunft wohl nicht mehr verlassen haben. Für eine Spanienreise gibt es keine sicheren Anhaltspunkte.

Außerhalb der antiken Stadtmauern, etwa zwei Kilometer vor der Porta Ostiense (heute Porta San Paolo), steht die Kirche San Paolo fuori le mura (Sankt Paul vor den

Rom, Porta San Paolo

Rom, San Paolo fuori le mura, Außenansicht

Mauern). Erst seit dem 20. Jahrhundert umgeben moderne Wohn- und Industrieviertel die Kirche.

Die Überlieferung berichtet von der Enthauptung des Paulus bei Aquae Salviae (jetzt Tre Fontane), etwa drei Kilometer in südöstlicher Richtung entfernt. Der Leib des Apostels wurde unter der heutigen Kirche San Paolo fuori le mura begraben. Hier befand sich eine antike Nekropole. Über dem Grab errichteten Christen zunächst eine kleine Gedenkstätte (Cella memoriae), Kaiser Konstantin der Große (272/285–337) ließ eine Basilika bauen. Doch Kaiser Theodosius der Große (347–395) erteilte bereits 384 den Auftrag, eine neue und größere Kirche, vergleichbar mit

Rom, San Paolo fuori le mura, Fassadenmosaik

Sankt Peter, zu errichten. Sie wurde in den Jahren 402/03 vollendet. Bis zum Neubau des Petersdomes war San Paolo die größte der römischen Kirchen. Die Basilika fiel 1823 einem Brand zum Opfer, der große Teile des Baus zerstörte. Beim sofort begonnenen Wiederaufbau nahm man sich die antike Kirche zum Vorbild.

Ein Säulenhof mit 10 Meter hohen Granitsäulen ist der Kirche vorgelagert. Erst in den Jahren 1892 bis 1928 errichtet, wirkt er klassizistisch kühl. In der Mitte befindet sich eine Kolossalstatue des Paulus von Giuseppe Obici (1807–1878). Die Mosaiken an der Fassade sind Neuschöpfungen des 19. Jahrhunderts nach traditionellen Vorlagen.

In die Basilika hinein führen fünf Portale. Das mittlere aus dem Jahr 1931 zeigt Episoden aus dem Leben der Apostel Petrus und Paulus. Zu sehen sind u. a. die Bekehrung des Paulus, sein Empfang in Rom und seine Hinrichtung.

Das Innere der 132 Meter langen und 65 Meter breiten, fünfschiffigen Basilika wird durch 80 Säulen geprägt, die die Seitenschiffe vom Hauptschiff trennen. Über dem Apostelgrab erhebt sich der auf zwei Säulen ruhende Triumphbogen. Das Mosaik stellt u. a. Christus mit den Evangelistensymbolen und die 24 Ältesten der Offenbarung des Johannes dar. Darunter schließen sich Petrus und Paulus an. Der oft und wenig gut restaurierte Mosaikschmuck geht auf die Zeit Papst Leo des Großen (440–461) zurück.

Über dem Hauptaltar, an dem nur der Papst zelebrieren darf, erhebt sich ein gotisches Ziborium aus

Rom, San Paolo fuori le mura, Inneres

Rom, San Paolo fuori le mura, Kreuzgang

dem Jahre 1285. Unter dem Altar befindet sich das Grab des Apostels Paulus. Archäologen des Vatikan haben im Jahr 2006 eine Seite des Sarkophages freigelegt. Er befindet sich hinter der seit langem bekannten Inschrift „PAULO APOSTOLO MART" („dem Apostel und Märtyrer Paulus"). Zuletzt war die Grabstätte von einem Betonfundament umgeben, nur die Tafel mit der Inschrift war durch eine Öffnung sichtbar. Jetzt erlaubt ein neu geschaffenes Fenster den mühelosen Blick auf den Sarkophag. Das Grab wurde im Laufe der Jahrhunderte nie geöffnet, der Sarkophag ist völlig intakt. Er befindet sich genau in der Mittelachse der Basilika dort, wo er im Jahr 390 aufgestellt worden war. Heute liegt das Grab etwa einen halben Meter tief unter dem Boden der Kirche, umgeben vom Füllmaterial des Altarsockels, der über dem Sarkophag gebaut wurde. Eine Öffnung des Grabes kann nur mit Erlaubnis des Papstes erfolgen.

Auch die Apsis schmückt ein Mosaik aus dem 5. Jahrhundert, das aber im 13. Jahrhundert von venezianischen Künstlern erneuert wurde. Nach der Brandkatastrophe fand eine neuerliche Restaurierung statt.

Rom, San Paolo fuori le mura, Kreuzgang, antiker Sarkophag mit heidnischen Motiven

Im oberen Teil ist der segnende Christus zu sehen. Ihm zugewandt sind Petrus und Paulus sowie Andreas und Lukas. Die Reihe darunter zeigt Engel und die übrigen Apostel.

Entlang der Wände von Mittel- und Querschiff ziehen sich die Medaillonbildnisse aller Päpste von Petrus bis Benedikt XVI. hin. Darüber zeigen 36 Fresken zwischen den Fenstern Szenen aus dem Leben des Paulus, beginnend mit der Steinigung des Stephanus. Der nach 1857 gemalte Zyklus endet mit der legendären Begegnung von Paulus und Petrus in Rom.

San Paolo fuori le mura gehört zu den sieben römischen Pilgerkirchen und zu den vier Patriarchalbasiliken. Angeschlossen ist ein Kloster der Benediktiner. Der wunderschöne Kreuzgang des 13. Jahrhunderts gefällt vor allem durch seine mehrfach geschraubten, gedrehten, geflochtenen oder gewundenen Säulen, die teilweise mit farbigen Mosaiken versehen sind.

An der Hinrichtungsstätte des Paulus erhebt sich heute die Abtei Tre Fontane (Via delle Tre Fontane). Der Name leitet sich von einer Legende her. Das abgeschlagene Haupt des Paulus hat dreimal den Erdboden berührt. An diesen Stellen entsprangen Quellen. Die Kirche San Paolo alle Tre Fontane wurde von 1599 bis 1601 errichtet. Seit 1868 bewohnen französische Trappisten die Abtei, die das durch Malaria verseuchte Gebiet kultivierten. Eine weitere Kirche, Santa Maria Scala Coeli, soll das Gefängnis des Apostels gewesen sein.

Auf der Piazza Colonna erhebt sich eine Säule, die zu Ehren von Kaiser Marc Aurel (121–180) errichtet wurde. Sein Standbild existiert nicht mehr. Papst Sixtus V. (1585–1590) beauftragte Domenico Fontana (1543–1607) mit der Fertigung einer Bronzestatue des Apostels Paulus, welche heute die Säule bekrönt.

Die Kirche Santa Prisca (Via S. Prisca) ist eine der frühen Titelkirchen Roms. Nach der Legende wurde sie über dem Haus des im Römerbrief erwähnten und mit Paulus befreundeten Ehepaares Aquila und Priska (Röm 16,3) erbaut. Durch den barocken Umbau hat die Kirche ihre ursprüngliche Gestalt fast völlig verloren.

San Giovanni in Laterano, die Bischofskirche des Papstes, bewahrt die Kopfreliquien der Apostel Paulus und Petrus. Sie wurden im 14. Jahrhundert aus der Sixtinischen Kapelle hierher übertragen. Heute werden die Häupter in Reliquiaren des 19. Jahrhunderts aufbewahrt. Diese befinden sich im Baldachin, der sich über dem Papstaltar erhebt, verschlossen hinter einem Metallgitter.

Noch eine weitere Kirche bewahrt die Erinnerung an Paulus. San Paolo (Via San Paolo alla Regola 6) erhebt sich nach legendärer Überlieferung ebenfalls an der Stelle, an der das Haus stand, in dem Paulus während seiner Gefangenschaft wohnte. Der heutige Bau stammt aus dem Jahr 1728.

Rom, San Giovanni in Laterano, Inneres, Hauptaltar und Ziborium (1367) mit den Kopfreliquien der Apostel Paulus und Petrus

San Sebastiano an der Via Appia, eine weitere der sieben Pilgerkirchen Roms, war ursprünglich Petrus und Paulus geweiht. Schon früh begann die Gemeinde mit dem Bau dieser Kirche. Die Unterstützung des Kaiserhauses beschleunigte die Fertigstellung. Im Umfeld der Kirche befindet sich eine Vielzahl von christlichen und heidnischen Katakomben und Grabmälern.

DIE BRIEFE
DES APOSTELS PAULUS

Der Apostel Paulus gilt als Verfasser von 13 Schriften des Neuen Testaments. Dabei handelt es sich sämtlich um Briefe. Die moderne Bibelwissenschaft unterscheidet heute zwischen den Briefen, die sich direkt auf eine konkrete Situation in einer Gemeinde beziehen, und den so genannten Lehrschreiben. In der Exegese werden die ersteren als echte Paulusbriefe angesehen. Hierzu gehören der Römerbrief, die beiden Korintherbriefe, der Galater- und der Philipperbrief, der erste Thessalonicherbrief und der Brief an Philemon. Die anderen Briefe unter dem Namen des Paulus sind thematisch orientiert. Man nimmt heute an, dass sie von Schülern des Apostels geschrieben worden sind. In der Alten Kirche wurde nicht bezweifelt, dass Paulus alle Briefe selbst geschrieben hat. Auch heute gibt es Bibelwissenschaftler, die diese Meinung vertreten. Weitere Briefe des Apostels Paulus, so z. B. der nach Laodizea und zwei weitere nach Korinth, sind verloren gegangen. Früher wurde auch der Hebräerbrief für paulinisch gehalten.

Der Römerbrief ist der längste und theologisch bedeutendste, aber auch der schwierigste Paulusbrief. Er wurde wohl in Korinth um 56 verfasst. Paulus schreibt an eine Gemeinde, die er noch nicht kennt. Ständig nimmt er Bezug auf das Alte Testament. Dieser Brief bietet einen umfassenden Aufriss der Theologie des Paulus, aber keine vollständige Glaubenslehre. Drei Hauptteile des Briefes treten deutlich hervor: Das Evangelium als Gotteskraft zum Heil für die Sünder (1,18–8,39); Gottes Gerechtigkeit im Weg Israels (9–11); Schlussfolgerungen für das praktische Leben der Christen (12,1–15,13). Paulus gilt unbestritten als Verfasser des Römerbriefes.

Nur ein Teil der Korrespondenz des Paulus mit der Gemeinde in Korinth ist uns in den zwei vorliegenden Briefen erhalten. Diese Gemeinde war Gegenstand stetiger Sorge des Apostels. Ein erster Brief, auf den in 1 Kor 5,9 Bezug genommen wird, ist nicht erhalten. Der wohl um 53 geschriebene Brief hatte den Umgang mit unmoralisch lebenden Gemeindegliedern zum Thema. Wahrscheinlich im Jahr 54 wurde der als 1. Korintherbrief bezeichnete in Ephesus geschrieben. Er ist die umfassende Antwort des Paulus auf die Schwierigkeiten in der Gemeinde. Themen sind die Fragen nach Ehe und Ehescheidung (7), die Problematik des Essens von Götzenopferfleisch (8–10), der Gebrauch der Geistesgaben (12–14) und die Sammlung der Kollekte für die Gemeinde in Jerusalem (16,1-4).

Ein weiterer nicht erhaltener Brief (2 Kor 2,3f.) wird als „Tränenbrief" bezeichnet. Paulus wurde beim zweiten Besuch in Korinth von einem Christen, der nicht zur Gemeinde gehörte, hart angegriffen. Die Korinther hatten ihn nicht verteidigt. Tief verletzt verließ Paulus die Stadt und schrieb den Tränenbrief, den Titus überbrachte. Als Titus ihm von der Reue der Korinther berichtete, schrieb Paulus in Ephesus den 2. Korintherbrief. Er söhnte sich mit den Korinthern aus (6,11–7,16). Weitere Themen des Briefes sind das Apostelamt (2,12–6,10), die Auseinandersetzung mit den Gegnern (10), die Leiden des Paulus (11–13) und erneut die Kollektensammlung für Jerusalem (8–9).

Paulus ist als Verfasser des Briefes an die Galater einhellig anerkannt. Umstritten sind die Empfänger. Zur Zeit des Neuen Testaments trugen zwei Gebiete den Namen Galatien: eine Landschaft im Norden Kleinasiens um das heutige

Ankara und eine römische Provinz mit den Städten Antiochia, Ikonion, Lystra und Derbe im Süden Kleinasiens. Den Brief schreibt Paulus um das Jahr 55 an eine Gemeinde, die er kurz zuvor besucht hat. Heidenchristen sind die Adressaten des Briefes. Judaisierende Gegner des Paulus waren in die Gemeinde eingedrungen, wahrscheinlich ehemalige Pharisäer. Sie verlangen eine Rückkehr der Christen zum Gesetz, Paulus aber widersetzt sich. Die Stellung zu Gesetz und Beschneidung ist das Hauptthema des Briefes. Gerechtigkeit vor Gott kommt nicht aus der Erfüllung des Gesetzes, sondern aus dem Glauben. Paulus verteidigt auch in diesem Brief seine Autorität als Apostel. Die letzten Abschnitte widmen sich dem praktischen Leben der Christen.

Der Brief des Paulus an die Epheser stammt nach Meinung der modernen Exegeten nicht vom Apostel selbst. Als Argumente werden der allgemein gehaltene Inhalt, der leicht abweichende Stil und das Fehlen persönlicher Grüße ins Feld geführt. Der Brief könnte von einem Mitarbeiter oder Schüler des Paulus verfasst worden sein. In älteren Handschriften fehlt der erste Vers, der als Empfänger die Christen in Ephesus nennt. Vielleicht war der Brief ursprünglich ein Rundschreiben an alle Gemeinden in Asien. Mit dem Philipperbrief, dem Kolosserbrief und dem Brief an Philemon zählt er zu den vier Gefangenschaftsbriefen.

Der Brief enthält weiterführende Informationen und Ratschläge für das Verhältnis zur heidnischen Umgebung und das Erkennen und Bekämpfen von Irrlehren. Paulus macht sich auch grundlegende Gedanken über das Wesen der Gemeinde. Er erinnert an die Erlösung durch Jesus Christus und seine Bedeutung für die Gemeinde (1–3). Verschiedene Ermahnungen und Konsequenzen für das Leben der Christen in der Welt (4–6) beschließen den Brief.

Im Brief des Paulus an die Philipper wird die besondere Verbindung zur Gemeinde deutlich. Ein besonders warmer Ton zeichnet ihn aus. Paulus hat ihn in der Gefangenschaft an einem nicht genannten Ort geschrieben. Die frühchristliche Tradition kennt Rom als Abfassungsort, was durch die Erwähnung der Christen aus dem Haus des Kaisers (4,22) als wahrscheinlich gelten kann. Epaphroditus, ein Mitarbeiter des Paulus aus Philippi (2,25), überbrachte den Brief.

Paulus dankt für die Geldgabe aus Philippi und berichtet über seine gegenwärtige Lage. Im Brief wird kein Thema systematisch entwickelt. Ein Christ soll auch schwierigen Situationen mit einer Haltung der Freude entgegentreten. Die Freude ist das beherrschende Thema. Hervorzuheben ist der Christus-Hymnus des Paulus (2,5-11).

Der Brief an die Kolosser wird heute meist zu den so genannten „deuteropaulinischen" Briefen gerechnet, die von Schülern des Paulus unter seinem Namen geschrieben worden sein könnten. Die Exegeten nennen vor allem den theologischen Inhalt und den Stil, der schwerfällig und überladen wirkt und somit gegen Paulus spricht. Neue Begriffe werden gebraucht („Fülle"), zentrale Themen des Paulus (Gerechtigkeit, Rechtfertigung, Gesetz) hingegen fehlen. Gut paulinische Gedanken (Leib Christi) werden in neuer Prägung vorgetragen. Aber diese Schwierigkeiten sind lösbar, denn es handelt sich um eine im Kern polemische Schrift, die sich gegen den Einfluss von Irrlehrern in der Gemeinde richtet. Paulus passt seine Gedanken an das neue Problem an, betont nur das für seinen Zweck Notwendige und greift die Ausdrucksweise der Gegner auf. Kern des Briefes ist der Christus-Hymnus (1,15-20). Vertraute Aussagen des Paulus (Christus als Gottes Ebenbild; Kirche als Leib Christi) finden sich hier in einem neuen Kontext.

Die beiden Thessalonicherbriefe richteten sich an die junge Gemeinde in Thessaloniki, die Paulus auf der zweiten Missionsreise gegründet hatte. Silvanus und Timotheus werden als Mitverfasser des ersten Briefes genannt. Abfassungsort ist wahrscheinlich Korinth um das Jahr 50. Damit ist der Brief die älteste Schrift des Neuen Testaments. Der Brief ist sehr persönlich gehalten. Paulus knüpft an gemeinsame Erinnerungen an, vieles wird nur angedeutet oder bleibt ungesagt. Er gibt einen Einblick in seine Missionsweise, seine Verkündigung und Lebensweise. Breiten Raum nehmen die Hoffnung auf die baldige Wiederkunft Jesu (Eschatologie) und damit zusammenhängende Fragen ein.

Der zweite Brief an die Thessalonicher wurde kurz nach dem ersten verfasst. Heute wird er meist zu den Deuteropaulinen gerechnet. Auch hier ist die Erwartung der Wiederkunft Jesu zentrales Thema (2,1-12). Kritisiert wird die Meinung einiger Christen der Gemeinde, die Arbeit für den Lebensunterhalt sei überflüssig, weil das Ende der Welt schon da sei.

Die Briefe an Timotheus und Titus werden als Pastoralbriefe bezeichnet. Sie wurden an Einzelne gerichtet und sollen persönliche Anleitungen und Ratschläge für die Leitung von Ortsgemeinden geben. Seit dem 19. Jahrhundert zweifelte man an der Autorenschaft des Apostels Paulus. Die Briefe weisen auf Ereignisse im Leben des Paulus hin, die nicht in den chronologischen Rahmen der Apostelgeschichte zu passen scheinen. Aus sprachlichen Gründen aber müssen die Briefe zur Zeit des Paulus verfasst worden sein. Zentrale Themen (Rechtfertigung) fehlen in den Briefen. Die Empfänger aber waren enge Mitarbeiter, die schon gut mit diesen Lehren vertraut waren. Der 1. Timotheusbrief (3 und 5) und der Titusbrief scheinen eine spätere Entwicklungsstufe kirchlicher Strukturen darzustellen. Aber die Pastoralbriefe bieten ein weit einfacheres Bild als etwa die Briefe des Bischofs Ignatius von Antiochien (um 35–110/117) wenige Jahrzehnte später. Schon die Apostelgeschichte kennt Ämter und die Entwicklung einer Gemeindeordnung (6,1-7; 14,23; 20,17.28). Auch der andersartige Wortschatz wird als Argument gegen die Echtheit der Briefe verwendet. Doch hier muss auf den persönlichen Charakter der Briefe und das fortgeschrittene Alter des Paulus hingewiesen werden.

Der 1. Timotheusbrief könnte von Paulus in Makedonien geschrieben worden sein (1,3). Paulus hatte Timotheus erst vor kurzem in Ephesus zurückgelassen. Ein Brief von Paulus war geeignet, die Autorität des noch jungen Mannes in der Gemeinde zu stärken.

Gegen Ende seines Lebens könnte Paulus den 2. Timotheusbrief in der Gefangenschaft in Rom verfasst haben. Offenbar sah er sein Ende bereits vor sich. Paulus warnt vor Unruhestiftern und Irrlehrern (2, 14-18; 3,1-9; 4,3f. 14f.). Der Brief ist sehr persönlich gehalten und enthält viele Informationen über Timotheus. Paulus richtet den Blick auf sich selbst und überdenkt sein schweres Leben im Dienst Jesu (2,3-10; 3,10-12).

Anliegen des Titusbriefes ist die Ordnung des Gemeindelebens (1, 5-9; 2,1-3.7) und der Kampf gegen Irrlehrer (1,10-16; 3,8-11), die in die heidenchristlichen Gemeinden Kretas eingedrungen waren. Häufig werden die guten Werke betont. Aus der Rechtfertigung allein aus

Gottes Gnade erwächst die menschliche Dankbarkeit in Gestalt eines neuen Lebenswandels.

Der Brief des Paulus an Philemon ist ein kurzes Schreiben an einen Christen aus der Gegend von Kolossä oder Laodizea. Paulus gewann auf einer seiner Reisen Philemon für Christus. Später lief ihm sein Sklave Onesimus weg, den Paulus in Rom zum Glauben führte. Paulus schickt Onesimus mit dem Brief zurück. Er bittet Philemon, Onesimus nicht zu bestrafen, sondern als Bruder aufzunehmen. Ein direkter Angriff auf die Sklaverei erfolgt nicht. Die christliche Bruderliebe überwindet die Beziehung Herr – Sklave.

LEBENSDATEN

zwischen 7 und 10 n. Chr.	Geburt des Saulus in Tarsus
vor 30	Aufenthalt in Jerusalem; Anschluss an die Pharisäer; Studium des jüdischen Gesetzes
zwischen 34 und 36	Berufungserlebnis auf dem Weg nach Damaskus
zwischen 35 und 37	Reise nach Jerusalem, dann Rückkehr nach Tarsus
bis 48	Aufenthalt in Tarsus; Barnabas holt Paulus nach Antiochia; um 45/46 erste Missionsreise nach Zypern und Kleinasien
48 oder 49	Apostelkonvent in Jerusalem
49/50	zweite Missionsreise nach Kleinasien und Europa
50/52	erster Aufenthalt in Korinth
etwa 52–55/56	Aufenthalt in Ephesus (wohl um 54/55 in Gefangenschaft) und der Provinz Asia; Zwischenbesuch in Korinth
etwa 55/56	dritte Missionsreise und letzter Besuch in Korinth
ca. 56	Verhaftung in Jerusalem
56–58	Gefangenschaft in Cäsarea
ca. 58/59	Reise nach Rom
58–60	zweijährige Gefangenschaft in Rom
nach 60	Märtyrertod, vielleicht in der neronischen Verfolgung

ORTSREGISTER

Achaia, Provinz   112
Adria   86, 133
Ägäis   74, 85f.
Aelia Capitolina   → Jerusalem
Afyon   53
Agios Varnavas   41
Akhisar   → Thyatira
Akköy   78
Aksu   47
Alanya   47
Alexandrette   → Iskenderun
Alexandria   40
Alexandria Troas   62, 74ff., 85
Amphipolis   95
Anatolien   31, 38, 56, 84
Ancyra   84   → auch Ankara
Andriake   80, 82
Ankara   56, 84, 152   → auch Ancyra
Antakya   → Antiochia am Orontes
Antalya   47, 49, 63f., 80   → Attalia
Antiochia am Orontes (Antakya)
   19f., 28, 32-38, 41, 156
Antiochia in Pisidien (Yalvaç)   47, 52-55, 47, 52-57, 59f., 62f., 84, 152
   → auch Yalvaç
Apollonia   95
Arabien   12
Asi, Fluß   → Orontes
Asien, Provinz   19, 64, 66f., 78, 85, 152, 156
Assos   75ff.
Athen   8, 61, 100f., 104-112, 114
Attalia   33, 48, 63f.   → auch Antalya
Ayatekla   → Hagia Thekla

Babylon   19

Bari   81
Behramkale   76
Berlin   83
Beröa   61, 100-103, 105
Bet Vegan   27
Bithynien, Landschaft   85
Boğazkala   84
Bosra   12
Büyük Menderes, Fluß   → Mäander
Bur Marrad   138

Cäsarea   18, 23, 81, 122-128, 142, 156
Cestus, Fluß   47
Colonia Iulia Augusta Philippensis   → Philippi
Comino, Insel   130
Constantia   → Salamis

Damaskus   7-18, 22, 125, 156
Demre   → Myra
Demre, Fluß   80
Derbe   8, 56, 60, 62f., 84, 152

Ekinözü   62
England   40
Ephesus   8, 61, 64-74, 78, 83f., 114, 125, 151f.
Ereğli   62
Europa   75, 85, 89, 156

Famagusta   41f.
Floriana   137
Galatien   84, 151
Gortyna   116
Gozo, Insel   130ff.
Griechenland   8, 20, 22, 62, 67, 75, 81, 85-122
Großbritannien   131

Hagia Thekla 57
Haifa 124, 126
Hatay, Provinz 38
Hattuscha 84
Hatunsaray 60f.
Hermongebirge 11
Hierapolis 67, 83
Hinnomtal 26

Ikonion 52, 56-60, 62f., 84, 152
  → auch Konya
Iskenderun 38
Isparta 53
Israel 11, 19f.
Istanbul 48, 77 → auch Konstantinopel
Isthmia 122
Isthmos, Landenge 113, 122
Italien 80f., 112
Izmir 65 → auch Smyrna

Jerusalem 8ff., 12, 18-27, 29, 32f., 41, 47, 61, 68, 116, 123, 125, 156
Judäa, Landschaft 19, 32, 85, 123, 125, 139

Kaistros, Fluß 73
Karadağ 62
Karaman 62
Kaukab 17
Kavalla (Neapolis) 86
Kenchreä 64, 113, 116, 122
Kephalonia 133
Kilbasan 63
Kleinasien 8, 23, 41, 47-85, 90, 152, 156
Kolossä 67, 83f., 155
Konstantinopel 31, 66, 75, 82, 96
  → auch Istanbul
Konya 8, 53, 56-60 → auch Ikonion

Korinth 8, 20, 61, 67, 95, 101, 112-122, 125, 140, 150f., 153, 156
Korinth, Golf von 113
Kouklia 43
Kreta 116, 154
Ktima 44, 46
Küçük Menderes, Fluß → Kaistros

Laodizea 67, 83, 150, 155
Lechaion 113, 121f.
Libanon 35
London 74
Lydia, Dorf 94
Lykaonien, Landschaft 56, 60
Lykien, Landschaft 80
Lykos, Fluß 83f.
Lystra 8, 56, 59-62, 84, 152
Lyzien → Lykien

Maalula 57
Mäander, Fluß 78
Mağaracık 38
Mailand 41
Makedonien → Mazedonien
Malta 8, 129-138
Mazedonien 61f., 65, 85f., 95, 97, 102, 112, 154
Mdina 133f., 136
Mersin 31
Milet 67, 78f., 142
Mitylene 76
Mljet, Insel 133
Mosta 138
Musa Dagh, Landschaft 38
Myra 80ff.
Mysien, Landschaft 85

Naoussa 100
Naxxar 18

Neapolis (Kavalla) 86

Odun Iskelesi → Alexandria Troas
Orontes, Fluß 34, 38
Ostia 122

Palästina 8, 20, 124
Pamphylien, Landschaft 39, 47, 63, 80
Pamukkale 53
Paphos 39f., 43-47, 55
Peloponnes, Halbinsel 113
Pergamon 83
Perge 39, 47-52, 63f.
Phaleron 108
Philippi 8, 74, 86-94, 100, 152f.
Phrygien, Landschaft 53, 83, 85
Piräus 105
Pisidien 53, 63
Pontus, Landschaft 112, 114
Ptolemaïs 123
Puteoli 139

Rabat 134ff.
Rhodos 131
Rom 7f., 41, 75, 112, 114f., 122, 126, 133, 139-149, 155
Russland 1

St. Paul's Bay 133
St. Paul's Islands 133
Salamis 39-43
Samothrake 86
San Pawl il-Bahar 133
Saronischer Golf 133, 122
Schwarzes Meer 84
Sedot Yam 125
Selçuk 65, 73
Seleukia Pieria 38f.
Seleuzia → Seleukia Pieria
Selmunett, Insel 133

Serdica 94
Side 63
Silifke 57
Sille 59
Sizilien 113, 130f.
Smyrna 67, 83 → auch Izmir
Sofia → Serdica
Syrakus 113
Syrien 8, 17, 33, 35, 57, 67, 85, 116, 122
Syrische Wüste 11

Tarsus 9, 18, 28-32, 125, 156
Taurus, Landschaft 29, 60, 62
Tel Aviv 124, 126
Thassos, Insel 86
Thessaloniki 8, 20, 61, 86, 90, 95-101, 153
Thyatira 86, 89f.
Tripotamos, Fluß 100
Troas → Alexandria Troas
Troas, Landschaft 74
Troja 74
Türkei 33, 69, 83
Tyrus 123

Vakifliköyü, Dorf 38
Valetta 131, 133, 136f.
Vatikan 142
Vermion, Landschaft 100

Yalvaç 53, 55 → auch Antiochia in Pisidien
Yükyeri Iskelesi 74

Zigakti, Fluß 94
Zilizien, Landschaft 28-30, 80
Zweistromland 11
Zypern 8, 39-46, 55, 156

PERSONENREGISTER

Abraham 52
Agabus 32, 123
Ala-ud-din Kaikubad I. 64
Aleccio, Matteo Perez d' 137
Alexander der Große 11, 28, 47, 53, 124
Alexander, Jude aus Ephesus 65
Andreas 148
Antigonos I. 33
Antiochus IV. Epiphanes 46
Apollos 114
Aquila → Priszilla und Aquila
Aristarch 65, 67, 97
Attalos II. 63, 111
Augustus 42, 53f., 60, 66, 84, 88, 100, 124

Barjesus 39
Barnabas 18ff., 22, 28, 32ff., 36, 39ff., 52 ff., 56-60, 62, 156
Benedikt XVI. 7, 148,
Berenike 126,

Caesar 114, 130
Caterina Cornaro 40
Celsus Polemaeanus, Tiberius Iulius 71
Cheirokrates 74
Clemens von Rom 41, 119, 143
Constantius II. 41
Cornutus, Gaius Iulius 51

Damaris 105
David 11, 19, 52
Decius 122
Demetrios, Heiliger 99
Demetrius, Silberschmied in Ephesus 65
Diokletian 99
Dionysius der Areopagit 105, 108

Elymas 39, 45
Emmerick, Anna Katharina 73

Epaphroditus 152
Epikur 106
Erardi, Stefano 135
Esra 25
Eusebius von Cäsarea 61, 125
Eutychus 74

Flavius Josephus 11
Fontana, Domenico 149

Gafà, Lorenzo 134-137
Gafà, Melchiore 137
Gaius 63, 67
Gajus 62
Galerius 99
Galli, Basilius 36f.
Gallio, Lucius Iunius 112, 115
Gamaliel 20ff.

Hadrian 64
Hananias 9, 12, 16
Helena 59
Herodes I. (der Große) 25ff., 32, 124, 128
Herodes, Tetrarch 32
Herodes Agrippa II. 126

Ignatius von Antiochien 35, 75, 194
Irenäus von Lyon 66

Jakobus 18
Jason 95f.
Jesus 9f., 27, 52, 95, 112
Johannes, Evangelist 66, 73
Johannes Chrysostomos 35
Johannes (Markus) 32, 39ff., 47
Johannes Paul II. 15
Johannes der Täufer 15, 114
Judas Barsabbas 19f., 33
Justinian 105

Karl V. 131
Karl der Große 141
Klaudius 32, 112, 114f.
Kleopatra 30

Konstantin der Große 59, 145
Kornelius 125
Krispus 112, 115

Lecomte 25
Leo der Große 146
Leonides von Korinth 122
Lukas 13, 53, 62, 67, 105f., 142, 148
Luzius von Zyrene 32
Lydia 86f., 89f., 94

Manaën 32
Marc Aurel 148
Marcus Antonius 26, 30
Marcus Antonius Felix 125 f.
Maria, Mutter Jesu 66
Michael, Bischof von Derbe 62

Napoleon 131, 141
Nehemia 25
Nero 140
Nikolaus von Myra 64, 81f.

Obici, Giuseppe 146
Onesimus 155
Origenes 125
Ovid 105

Perikles 110
Petrus 8, 22, 34, 36f., 46, 125, 134, 140f., 144, 148f.
Philemon 155
Philipp II. von Makedonien 88
Philippus, Apostel 125
Philippus, Evangelist 123
Phöbe 122
Polykarp von Smyrna 91
Pontius Pilatus 125, 128
Porcius Festus 126
Porphyrios von Philippi 94
Preti, Mattia 134
Priszilla und Aquila 64, 112, 114ff., 119, 122, 149
Publius 129, 133f., 138

Pyrrhus 101

Richard Löwenherz 40
Roger I. von Sizilien 131
Romulus und Remus 140

Salomo 19
Saul 52
Sekundus 97
Seleukos Nikator 38
Seneca 115
Septimus Severus 50
Sergius Paulus 39f., 55
Silas 19f., 33, 61, 85, 87, 90, 95, 97, 100f., 112
Silvanus 20, 153
Simeon Niger 32
Sixtus V. 149
Solomoni 46
Sopater 101
Sosthenes 112
Stephanus 22, 25, 148

Tertullian 57
Thekla 57f., 73, 81
Theodor von Canterbury 28
Theodosius der Große 145
Timotheus 60f., 67, 85, 100f., 105, 112, 116, 153f.
Timur Lenk 60, 62
Titius Justus 112, 115
Titus, Begleiter des Paulus 116, 151, 154
Titus, römischer Kaiser 26
Trajan 73, 133

Valette, Jean Parisot de la 131
Vespasian 125

Werfel, Franz 38

Zenon von Kition 107f.

161

REGISTER DER BIBELSTELLEN

Altes Testament

Apokryphen
2 Makk 7 — 46

Neues Testament

Apg
4,36f.	41
6,1-7	154
8,1	22
8,3	22
8,40	125
9,1-25	9f.
9,2	22
9,26-30	18
9,30	125
10,1-48	125
10,9-23	8
11,1-18	8
11,20	34
11,25-30	32
11,25	28
11,26	34
12,25	32
13,1-3	32
13,4-13	39
13,13f.	47
13,14-51	52
14,1-7	56
14,8-20	59
14,20-22	62
14,23	154
14,24-26	63
14,25	48
14,26-28	33
15,2-35	41
15,4-22	18f.
15,22. 32	20
15,30-34	20
15,30-35	33
15,39	41
16,1	61f.
16,1-3	60
16,6-10	85
16,9	103
16,11	86
16,12-40	86f.
16,14. 40	90
16,17	89
17,1-9	95
17,10-15	100
17,16-34	104f.
17,34	108
18,1-17	112
18,6	85, 115
18,11	114
18,18f.	122
18,19-21	64
18,24-26	114
19,8-10	64, 67
19,23-40	65
20,1	65
20,1-3	90
20,2f.	75
20,3	117
20,4	61f., 97, 101
20,6-11	74
20,13f.	76
20,17. 28	154
20,17-38	78, 142
21,1f.	81
21,7-14	123
21,27-34	19
22,1-21	23
22,3	20
22,30–23,11	23
27,5f.	80
27,27	133
28,1-10	129
28,11-31	139f.
28,30f.	142

Röm
1,18–8,39	151
9–11	151
12,1–15,13	151
16,1	122
16,3	149
16,3-5	114

1 Kor
5	117
5,9	151
7	151
8–10	151
11,34	116
12–14	151
14,6	116
16,1-4	151
16,6	116
16,19	114

2 Kor
1,19	20
2,3f.	151
2,12f.	75

2,12–6,10	151	2,5-11	153	3	154
6,11–7,16	151	2,20-22	61	5	154
7,6f.	116	2,25	152	**2 Tim**	
8-9	151	4,15f.	89	2,3-10	154
8,6-23	116	4,22	152	2,14-18	154
10	151			3,1-9	154
10–13	116	**Kol**		3,10-12	154
11–13	151	1,15-20	153	4,3f. 14f.	154
11,23-27	7	2,1	84		
				Tit	
Gal		**1 Thess**		1,5-9	154
1,17f.	12	1,1	20	1,10-16	154
2,1	116	2,9	96	2,1-3. 7	154
2,1. 3	116	2,13	96	3,8-11	154
		3,1f.	105		
Eph				**Offb**	
1–3	152	**2 Thess**		2,8-11	83
4–6	152	2,1-12	153	2,12-17	83
				2,18-29	90
Phil		**1 Tim**			
1,7f.	89	1,3	61, 67, 154		

163

LITERATURVERZEICHNIS

Albus, Michael: Auf den Spuren des Apostels Paulus. Frühe Stätten der Christenheit. Gütersloh 2006.

Athen. Von Sokrates zu Paulus. Stuttgart 2006 (Welt und Umwelt der Bibel; Nr. 39).

Becker, Jürgen: Paulus. Der Apostel der Völker. Tübingen 1989.

Berger, Klaus: Paulus. München 2002. 2. Aufl. 2005.

Bornkamm, Günther: Paulus. Stuttgart; Berlin; Köln 1969. 7. Aufl. 1993.

Brocke, Christoph vom: Griechenland. Leipzig 2007 (EVAs Biblische Reiseführer).

Conrad, Walter: Christliche Stätten in der Türkei. Von Istanbul bis Antakya. Stuttgart 1999. Neuaufl. 2006.

Damaskus. Drehscheibe des Orients. Stuttgart 1997 (Welt und Umwelt der Bibel; Nr. 3).

Elliger, Winfried: Ephesos. Geschichte einer antiken Weltstadt. Stuttgart; Berlin; Köln 1985. 2. Aufl. 1992.

Ders.: Mit Paulus unterwegs in Griechenland. Philippi, Thessaloniki, Athen, Korinth. Stuttgart 1998. Neuaufl. 2007.

Faber, Gustav: Auf den Spuren des Apostels Paulus. München 1989.

Gatz, Erwin: Roma Christiana. Ein kunst- und kulturgeschichtlicher Führer über den Vatikan und die Stadt Rom. Regensburg 1998. 2. Aufl. 2003.

Harris, Roberta L.: Das Zeitalter der Bibel. Spurensuche auf heiligem Boden. Augsburg 1998.

Kirschbaum, Engelbert: Die Gräber der Apostelfürsten. St. Peter und St. Paul in Rom. Leipzig 1974.

Küchler, Max: Jerusalem. Ein Handbuch und Studienreiseführer zur Heiligen Stadt. Göttingen 2007.

Latzke, Hans E.: Malta. Ostfildern 2002. 3. Aufl. 2006.

Limbeck, Meinrad: Mit Paulus Christ sein. Sachbuch zur Person und Theologie des Apostels Paulus. Stuttgart 1992.

März, Claus-Peter: Paulus. Sein Leben, sein Wirken, seine Zeit. Leipzig 2008.

Paulus. Ein unbequemer Apostel. Stuttgart 2001 (Welt und Umwelt der Bibel; Nr. 20).

Reinmuth, Eckart: Paulus. Gott neu denken. Leipzig 2004.

Rom und die Bibel. Stuttgart 1998 (Welt und Umwelt der Bibel; Nr. 8).

Scheck, Frank Rainer; Odenthal, Johannes: Syrien. Hochkulturen zwischen Mittelmeer und Arabischer Wüste. Köln 1998.

Schneider, Andreas: Zypern. Archäologische Schätze, byzantinische Kirchen und gotische Kathedralen im Schnittpunkt der Kulturen. Ostfildern 2005.

Then, Reinhold: Mit Paulus unterwegs. Stuttgart 2003.

Warnecke, Heinz; Schirrmacher, Thomas: War Paulus wirklich auf Malta→ Neuhausen; Stuttgart 1992.

ABBILDUNGSNACHWEIS

FOTOS:

akg-images: S. 99

akg-images/Rainer Hackenberg: S. 98

akg-images/Erich Lessing: S. 88, S. 89

Peter F. Albrecht, Leipzig: S. 10, S. 12, S. 14 oben, S. 15 oben und unten, S. 34, S. 35, S. 36, S. 37, S. 58, S. 63, S. 66, S. 69, S. 70 oben und unten, S. 72, S. 73, S. 75, S. 77, S. 79, S. 81

Bayerisches Hauptstaatsarchiv, München: S. 124

Biblische Reisen GmbH, Stuttgart: S. 14 unten, S. 21 unten, S. 31, S. 71, S. 93, S. 108, S. 109, S. 137, S. 146

Hervé Champollion/akg-images: S. 92 (oben)

EOT (Griechische Zentrale für Fremdenverkehr), Athen: S. 92 unten

Manfred Gersch, Großschönau: S. 29

Hellas Reisen GmbH, Dresden: S. 42, S. 96, S. 101, S. 102, S. 103, S. 106, S. 110, S. 117, S. 120, S. 121

Dirk Klingner, Leipzig: S. 132, S. 134, S. 145 oben, S. 147, S. 148

Reisebüro Kolping Tours GmbH, Augsburg: S. 21 oben, S. 22, S. 24 oben, S. 25

KOT (Fremdenverkehrszentrale der Republik Zypern), Nikosia: S. 45

Michael Kraus, Hambühren: S. 49, S. 50, S. 51, S. 80, S. 82

Barbara Lange, Leipzig: S. 113, S. 119, S. 145 unten

Office national du Tourisme, Jerusalem: S. 127 oben

picture-alliance/akg-images/Henning Bock: S. 83

picture-alliance/akg-images/Erich Lessing: S. 55, Titelbild unten links

picture-alliance/Bildagentur Huber: S. 94

picture-alliance/dpa: S. 16, S. 136

picture-alliance/HB-Verlag: S. 135

picture-alliance/maxppp: Titelbild unten rechts

picture-alliance/ZB: S. 44, Titelbild oben rechts

St. Benno Buch- und Zeitschriftenverlagsgesellschaft mbh, Leipzig, Verlagsarchiv: S. 127 unten, S. 140, S. 141, S. 142, S. 144, S. 149

Pietro Vanetti SJ, Milano: S. 24 unten

Superbild: Titelbild oben links

KARTEN UND PLÄNE:

Dirk Klingner, Leipzig: S. 13, S. 23, S. 43, S. 48, S. 54, S. 68, S. 91, S. 97, S. 107, S. 118, S. 130, S. 143

Matthias Weis, Leipzig: S. 26, S. 126

Welt und Umwelt der Bibel, Stuttgart: Vor- und Nachsatz

Biblische Reisen

Auf den Spuren des Paulus

Griechenland, Zypern, Malta, Türkei, Syrien

Der Apostel Paulus bereiste auf seinen Missionsreisen den Mittelmeerraum und kam von Antiochia über Jerusalem und Athen bis nach Rom. Entdecken Sie mit **Biblische Reisen** die Länder in denen der Apostel Paulus gelebt und gewirkt hat. Als Spezialveranstalter für kulturell anspruchsvolle **Studienreisen** zeigen wir Ihnen nicht nur Orte und Landschaften, sondern vermitteln auch Gespräche und Begegnungen mit einheimischen Christen.

In unserem über 200 Seiten starken **Hauptkatalog** finden Sie u.a. Studienreisen, die Sie auf den Spuren des Paulus nach **Syrien, Italien, Zypern, Malta, Griechenland** und in die **Türkei** führen.

Für Reisen Ihrer Gemeinde oder z.B. Ihren Vereins stellen wir Ihnen ein **individuelles Programm** zusammen und organisieren Ihre **Gruppenreise**. Nutzen Sie unsere Erfahrung aus über 45 Jahren.

Rom/St. Paul vor den Mauern

Weitere Informationen, Reiseprogramme und unseren aktuellen **Katalog** erhalten Sie unter **Telefon 0800 / 619 25 10!** (gebührenfrei)

Ihr Spezialist für Studienreisen weltweit

Biblische Reisen GmbH · Silberburgstraße 121 · 70176 Stuttgart
Telefon 07 11 / 6 19 25-0 · Telefax 07 11 / 6 19 25-811
E-Mail: info@biblische-reisen.de · www.biblische-reisen.de

Auf den Spuren des
Apostels Paulus

80 Seiten
€ 9,80

- Ein unbequemer Apostel
- Die römische Welt des Paulus
- Vertreten Paulus und Jesus dieselbe Religion?
- **Sonderteil:** Die Reisen des Paulus durch Kleinasien und Griechenland.

Das Bibelwerk

Welt und Umwelt der Bibel
Silberburgstraße 121
70176 Stuttgart
Tel. 0711/61920-50
Fax 0711/61920-77
www.weltundumweltderbibel.de

Pilgerreisen
Studienreisen
Gruppenreisen

"Eine Reise beginnt im Herzen"

St. Paul vor den Mauern, Rom

Tobit-Reisen GmbH
Wiesbadener Str. 1
65549 Limburg

Tel.: **06431 941940**
Fax: **06431 941942**

info@tobit-reisen.de
www.tobit-reisen.de

Bitte fordern Sie unverbindlich unseren Reisekatalog an.
Gerne erstellen wir ein persönliches Reiseangebot für Sie.

BLASS*TRAVEL*

Mehr als Reisen... Blass*Travel* Studienreisen

Seit mehr als 20 Jahren führen wir Studien- und Pilgerreisen unter anderem für Vereine, Freundeskreise, Serviceclubs, Bildungswerke, Volkshochschulen und Pfarreien durch.

Weihejahrgangs- oder **Gemeindereisen** nach Rom und ins Heilige Land, **"Auf den Spuren des Apostel Paulus"** nach Griechenland und in die Türkei sind unsere Spezialität.

Nach Ihren Wünschen organisieren wir Reisen für **große** und **kleine** Gruppen sowie für **Individuellreisende**.

Alleinreisende sind in unseren Gruppen bestens betreut.

Flusskreuzfahrten und **Ayurveda Kuren** bieten wir ebenfalls an.

Fordern Sie unsere Kataloge an!

Fragen Sie uns an!

Blass*Travel* GmbH, Erzbergerstr. 5, D-78224 Singen,
Tel.: 07731 - 87500, Fax: 07731 - 63422, Email: info@blasstravel.com,
Homepage: www.studienreise.org, www.ayurvedaindien.info

Ihr Reisebüro:

Ihr christliches Reisebüro

Gruppenreisen

Erfahrene Reiseleiter und weltweite Kolpingkontakte machen Gruppenreisen zum Beispiel nach Israel, Rom oder Südafrika mit Kolping Tours zu einem einmaligen Erlebnis.

Häuser & Hotels

Kolping bietet Ihnen zahlreiche Häuser und Hotels mit „Mehrwert" bei denen der Mensch im Mittelpunkt steht. Kolping Tours informiert Sie gerne über die zahlreichen Angebote.

Kuren bei Kolping

Mit der KurOase im Kloster in Bad Wörishofen und dem Kolping Hotel in Alsópáhok bei Héviz in Ungarn bietet Ihnen Kolping alle Möglichkeiten der Gesundheitsvorsorge und Therapie.

PS: Für jede gebuchte Urlaubswoche übernimmt Kolping Tours die Kosten für eine Woche Kindergarten in Südafrika!

Individualreisen

Natürlich können Sie auch die Reisen aller namhaften Veranstalter bei Kolping Tours buchen!

Frauentorstr. 29 • 86152 Augsburg • Tel. 0821/3443-171
Mehr Infos auch unter: www.kolping-tours.de

Pauschal- & Individualreisen mit religiösen Inhalten tragen für das Miteinander der Völker unterschiedlicher Religionen wesentlich bei und erfreuen sich einer zunehmenden Beliebtheit. Vielleicht liegt es daran, dass der heutige Alltag jeden einzelnen immer mehr fordert, man mit seinem Inneren einen Ausklang sucht und sich deshalb mehr auf religiöse Werte und ihre Bedeutung besinnt. **Seit 1983** veranstalten wir

Religiöse Themenreisen

www.pilger-und-studienreisen.de
Tel: 0951-2084741 * Fax: 0951-200323

HELLAS REISEN

RUNDREISEN
WANDERREISEN
ERLEBNISREISEN
THEMENREISEN

Hellas Reisen GmbH - Kreuzstr. 2 - 01067 Dresden - Tel.: 0351/4383610 - www.hellas-reisen.de

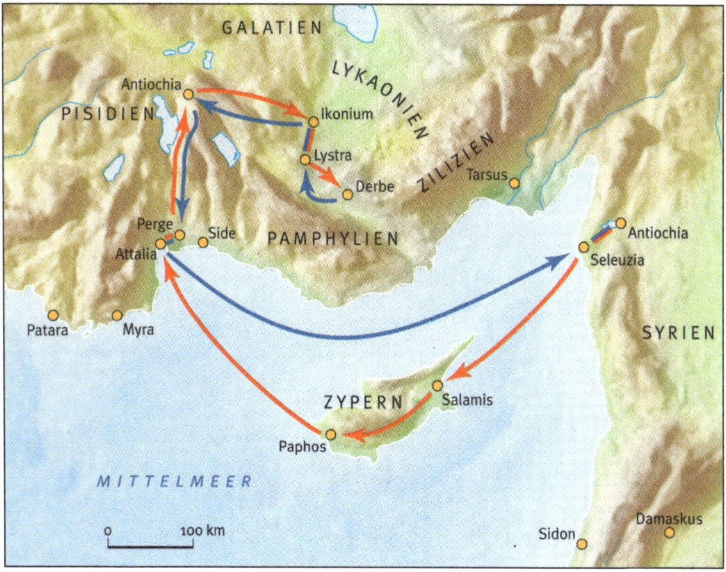

1. Missionsreise Apg 13–14

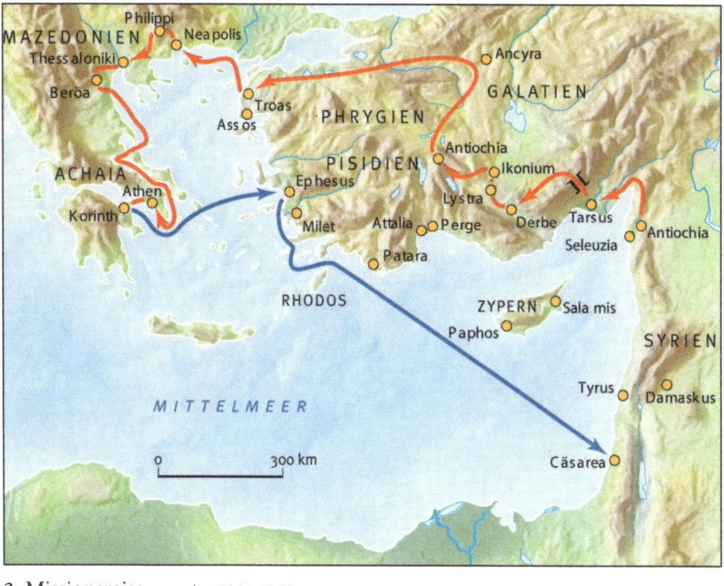

2. Missionsreise Apg 15,36–18,22

3. Missionsreise   Apg 18,23–21,17